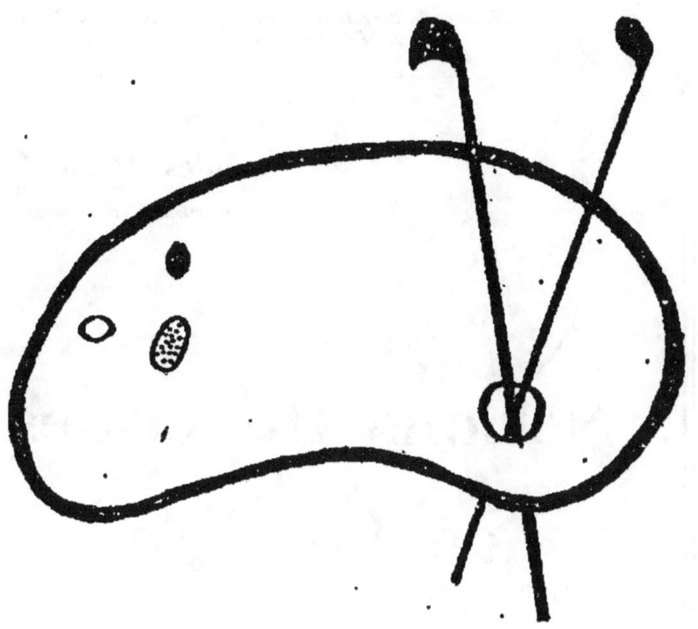
DEBUT D'UNE SERIE DE DOCUMENTS
EN COULEUR

LITURGIE

Série publiée sous la direction du Révérendissime Dom Cabrol,
Abbé de Farnborough

Jules BAUDOT

Bénédictin de Farnborough

Notions Générales

de Liturgie

BLOUD & Cⁱᵉ

S. & R. 479.

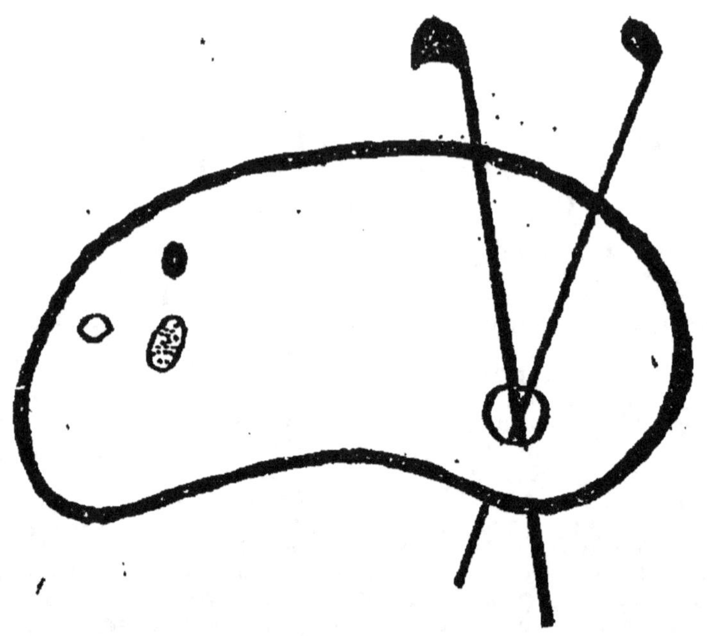

FIN D'UNE SERIE DE DOCUMENTS
EN COULEUR

LITURGIE

Série publiée sous la direction
du Révérendissime Dom Cabrol, abbé de Farnborough

NOTIONS GÉNÉRALES DE LITURGIE

PAR

Jules BAUDOT

Bénédictin de l'abbaye de Farnborough

PARIS

LIBRAIRIE BLOUD & Cⁱᵉ

4, RUE MADAME, 4

1908

Reproduction et traduction interdites.

MÊME COLLECTION

DU MÊME AUTEUR

Le Bréviaire Romain *(409-410)* 2 vol., 184 pages.
 Prix.. **1** fr. **20**
Les Lectionnaires *(463-464)* 2 vol. Prix... **1** fr. **20**
Les Evangéliaires *(465-466)* 2 vol. Prix... **1** fr. **20**

Vu et approuvé.
30 Septembre 1907.
Fernand CABROL.

Imprimatur.
Parisiis, die 2 Octobris 1907.
G. LEFEBVRE, vic. gén.

INTRODUCTION

I. — Au programme d'Etudes liturgiques, comprenant la bibliographie et les indications de méthode, tel qu'il a été tracé pour les lecteurs de la présente collection par le Révérendissime Père Abbé de Farnborough, il a paru bon de joindre un exposé succinct des notions élémentaires de liturgie. C'est une sorte de *vade-mecum* offert aux fidèles chrétiens pour leur donner une plus grande intelligence des offices de l'Eglise, leur montrer comment ils peuvent s'y intéresser en y prenant une part plus active.

Ce but, le Révérendissime Père Dom Cabrol se le proposait jadis lorsqu'il publiait son *Livre de la prière antique* ; beaucoup de lecteurs parmi nos contemporains trouveront sans doute cet exposé trop volumineux. Aujourd'hui on veut des abrégés, des synthèses ; en matière de liturgie des auteurs ont répondu déjà à ce désir, et l'on est heureux de signaler ici le *Catéchisme liturgique* de Dutillet avec préface de Huysmans, le *Cours synthétique de liturgie* de Vigourel, un membre de cette chère compagnie de Saint-Sulpice où l'esprit de religion et l'amour des cérémonies se perpétuent comme un précieux héritage de famille. L'auteur de ce petit traité veut s'inspirer de ces différents ouvrages en même temps que des œuvres laissées par les anciens liturgistes ; il adaptera son résumé au caractère de la série liturgique en cours de publication.

II. — Donnons d'abord une idée de la *liturgie en général* et de *son utilité*. — 1. *Liturgie* est un mot qui dérive du grec, λήιτον, ἔργον ; les expressions éveillent l'idée d'une *œuvre publique,* œuvre accomplie par la société et dans l'intérêt de la société. — Les peuples, même païens, ont restreint le sens général du mot en lui attribuant un caractère sacré : l'œuvre liturgique était à leurs yeux la *manifestation extérieure et officielle du culte rendu à la divinité ;* c'était dire que toute œuvre publique a son fondement dans la religion. — Dès les premiers temps, l'Eglise de Jésus-Christ employa l'expression Liturgie pour désigner l'*ordre qu'elle observait dans l'offrande du saint sacrifice* (1), centre de tout le culte divin ; à ce sens particulier, elle donna bientôt une plus grande extension. A l'heure actuelle, le mot Liturgie désigne *tout l'ensemble des objets, des paroles, des actions, par lesquels se traduit le culte rendu à Dieu : objets,* tels sont par exemple les éléments de l'eau pour le baptême, du pain et du vin pour l'Eucharistie, etc. ; tels encore l'autel, les ornements pour l'offrande du saint sacrifice ; *paroles* prononcées ou chantées pendant les saints offices ou pour l'administration des sacrements ; *actions,* comme les mouvements du corps, les différentes attitudes que l'on prend à l'église, le signe de la croix, l'élévation des yeux et des mains vers le ciel, etc. : tout cela devient matière liturgique à la condition d'être vraiment l'expression d'un culte intérieur rendu à Dieu, d'être officiellement ordonné à cette fin par une autorité spirituelle et compétente, comme est l'autorité de l'Eglise. Les personnes elles-mêmes par les fonctions sacrées qu'elles remplissent, certains jours de l'année par leur destination, revêtent aussi un caractère liturgique.

De ces explications, il résulte que la liturgie, dans l'Eglise catholique est assujettie à des règles. — L'ensemble des règles à observer dans une fonction sacrée prend le nom de *rit* (latin *ritus,* manière de faire) ; cet ensemble peut varier suivant les régions, et l'auto-

____

(1) Voir le cardinal BONA : *Rerum liturgicarum,* lib. I, c. 3 tom. I de l'édition Sala, p. 27. It. MURATORI : *Dissertatio de rebus liturgicis, de origine sacræ liturgiæ,* dans MIGNE, *P. L.,* tom. 74, col. 861.

rité ecclésiastique admet ces variations pourvu qu'elles n'atteignent pas les points essentiels. Dès lors, on peut avoir le *rit romain,* le *rit ambrosien,* etc. Les cérémonies désignent plus particulièrement les attitudes, actes ou mouvements du corps qui accompagnent la prononciation des paroles dans les fonctions saintes. Les diverses règles concernant le culte catholique ont été consignées par écrit depuis longtemps : elles furent jointes dans les recueils, aux paroles qu'on devait prononcer, et pour qu'on pût les discerner à première vue, on prit l'habitude de les écrire avec une matière de couleur rouge : c'est ce qui leur a fait donner le nom de *rubriques (litterœ rubricatœ).* La coutume s'en est conservée jusqu'à nos jours, comme on peut le voir en ouvrant l'un de nos livres officiels, missel, bréviaire, etc.

2. *Utilité de la Liturgie.* — En raison de sa nature, l'homme, âme et corps, ne peut se passer de culte extérieur pas plus que de religion. La liturgie, en réglant le culte extérieur, répond ainsi à nos aspirations, elle contribue *à nous sanctifier, à nous instruire, à nous affermir dans la foi ;* à nous *sanctifier,* les rites et cérémonies nous disposent à recevoir la grâce divine, nous élèvent à la contemplation des plus sublimes mystères, développent en notre âme la piété, la charité, la ferveur de la dévotion ; à nous *instruire,* les cérémonies sont un puissant moyen d'évangélisation, elles nous présentent, sous une forme riche et vivante, tout l'ensemble de la doctrine chrétienne, et nous inspirent le respect de la divine majesté ; à nous *affermir dans la foi,* elles témoignent de l'antiquité et de l'universalité de nos croyances, et ainsi la loi de la prière est vraiment la règle de la foi, comme le pape saint Célestin l'écrivait aux évêques de Gaule. — Nous aurons dit sur ce point toute notre pensée en appliquant aux simples fidèles ce que disait des prêtres un concile de la province de Lyon (en 1850) : « Pour des ministres de Jésus-Christ, le culte extérieur et l'observance religieuse de ses règles sont comme le reflet de la piété de

leur âme, et ils contribuent pour beaucoup à la réchauffer (1). »

III. *Division de l'opuscule*. — On se propose d'initier les fidèles aux éléments de la liturgie en leur donnant des explications très succinctes sur les livres liturgiques, sur les fonctions sacrées que l'on groupera autour de ces trois idées principales : sacrifice, prière, sanctification de l'âme par les sacrements, enfin sur le partage de l'année ecclésiastique. De là, cinq chapitres :

Chapitre I. — Les livres liturgiques, ou sources de la liturgie.

Chapitre II. — La sainte messe, point central de toutes les fonctions sacrées.

Chapitre III. — L'office liturgique ou la prière officielle de l'Eglise.

Chapitre IV. — Les sacrements et sacramentaux, ou moyens de la sanctification de l'âme.

Chapitre V. — L'année ecclésiastique, ou distribution des mystères et des fêtes des saints.

---

(1) Consulter : C. BONA, *De divina psalmodia*, c. 19, § 3, n. 1 : et le saint concile de Trente parlant des cérémonies de la messe Sess. 22, cap. 8.

CHAPITRE PREMIER

Les Livres liturgiques.

Nous nous bornerons à donner l'énumération de ces livres avec une idée générale de leur contenu (1). Nous les partageons en trois classes : il y a, en effet, des recueils pour la messe, d'autres pour l'office divin, d'autres encore pour l'administration des sacrements. Dans chacune de ces classes, il faut de plus distinguer, les *anciens*, ceux qui existaient avant le concile de Trente, et les *modernes*, ceux qui ont été publiés à la suite de ce concile.

I. **Sainte Messe.** — 1. *Recueils antérieurs au concile de Trente.* — Jusque vers le IXᵉ siècle, dans l'Eglise latine les prières pour l'offrande du saint sacrifice furent écrites dans divers recueils : on en compta cinq différents dont il importe de dire quelques mots. A) Le premier et le principal portait le nom de *Sacramentaire*, ou *Livre des Mystères* (2), il renfermait les prières ou *collectes* qui se récitent avant l'épître, l'oraison appelée *secrète* qui se dit après l'offertoire, les *préfaces* variables suivant les jours, les *prières du canon* et celles qui se disent jusqu'à la communion, enfin l'oraison dite *postcommunion*. Toutes ces prières, sauf celles du canon, pouvant varier d'un jour à l'autre, il eût été difficile de les réciter de mémoire. Le livre était à l'usage du seul célébrant ; il contenait encore les rites pour la collation des saints ordres, pour l'administration solennelle du baptême aux veilles de

---

(1) Pour la genèse des Livres liturgiques, on peut voir D. CABROL, *Le Livre de la prière antique,* chap. 15, p. 188, avec les autorités invoquées.

(2) A Milan, on disait simplement le *Livre des messes.* LEBRUN, *Explicat.,* t. III, p. 188.

Pâques et de la Pentecôte, pour la consécration du saint chrême et de l'huile sainte, pour la réconciliation des pénitents et la bénédiction nuptiale. Ainsi les sacrements et particulièrement la sainte Eucharistie, qui est le sacrement par excellence, avaient servi à désigner le recueil (1). — B) Un autre livre était le *Lectionnaire*: on y trouvait réunis les passages de l'Ancien Testament, du livre des Actes des Apôtres, des Épîtres et de l'Apocalypse tels qu'on les lisait à la messe. On l'appela aussi *Épistolier* ou *Epistolaire*, le livre *Apostolique* ou de l'*Apôtre*, parce que les épîtres et notamment celles de saint Paul en formaient la plus grande partie ; ou encore *Comes*, *Liber comicus*, parce qu'on considérait ce recueil comme devant accompagner partout les ministres sacrés, nous dirions aujourd'hui le *vade-mecum* du prêtre. D'ordinaire ce dernier livre contenait aussi les passages de l'Évangile. Tantôt les passages étaient écrits dans leur entier, c'était alors le *Lectionnaire plénier*, tantôt, on n'y marquait que le commencement et la fin des lectures, et il fallait pour le reste se reporter à la Bible: c'était l'Index, le *Capitulaire*, soit des épîtres soit des évangiles. — C) En fait les noms de *Capitulaire, Recueil plénier, Comes* étaient appliqués aussi au livre des Evangiles ou *Évangéliaire*, troisième recueil nécessaire pour la célébration de la messe. Ce livre contenait les passages qu'on empruntait aux quatre évangélistes pour en faire la lecture pendant le saint sacrifice : le nom d'*Évangéliaire*, ou *Évangélistaire* s'entend assez de soi ; on l'appela aussi parfois le *Bréviaire des Évangiles*. En raison de la parole de Jésus-Christ même, contenue dans ce livre, on lui donnait des marques spéciales de vénération, on le baisait avec respect, on le portait en procession, on le déposait sur l'autel : quiconque a assisté à des messes solennelles célébrées

(1) Pourquoi le nom de *Sacramentaire* donné au recueil des messes ? C'est qu'il renferme les prières relatives à la consécration de l'Eucharistie, le sacrement par excellence de la Loi nouvelle. MIGNE, *P. L.*, tom. 78, col. 583.

avec diacre et sous-diacre a pu se convaincre que les mêmes honneurs sont rendus maintenant encore au livre des Evangiles. — D) Un quatrième livre, appelé *Antiphonaire*, *Responsal* ou *Responsorial*, renfermait les antiennes et les psaumes de l'Introït, du graduel, du trait, de l'offertoire et de la communion : tout autant de parties chantées par le chœur pendant la messe. La dénomination d'antiphonaire a pris, de nos jours, un sens tout différent ; elle s'applique au recueil des antiennes qu'on chante aux vêpres ou à laudes, tandis qu'autrefois elle répondait plutôt à notre livre Graduel.

E) Les documents énumérés précédemment ne renfermaient que le texte des prières ou lectures de la messe ; les rites et cérémonies à observer formaient un autre livre appelé *Ordo* ; le plus ancien *Ordo Romanus* que nous possédons et qui traite du saint sacrifice est de la fin du VIIe siècle. — A partir du IXe siècle, on vit paraître les *missels pléniers*, premiers modèles de ceux maintenant en usage : on y trouvait réuni dans un seul recueil tout ce que le prêtre devait lire chaque jour en célébrant la messe privée. Pour les messes solennelles, le Lectionnaire et l'Antiphonaire étaient encore indispensables, car en même temps que le prêtre lisait à l'autel l'introït, l'épître, le graduel, etc., ces parties devaient être chantées par le chœur ou par le sous-diacre.

2. *Recueils postérieurs au concile de Trente.* — Depuis que le *Missel romain* a été publié par l'ordre et les soins du pape saint Pie V (1570), ce missel est le seul livre que l'on doive employer dans le rit latin pour la célébration de la sainte messe : le même volume renferme à la fois les prières à réciter et les rubriques à observer pendant le saint sacrifice. Le saint concile de Trente avait demandé cette publication pour ramener les usages divers à une règle unique et uniforme, pour faire revivre la pratique des anciens Pères. A la suite de saint Pie V, les papes Clément VIII (1604) et Urbain VIII (1634) ont poursuivi le même but dans leur réforme du missel. Le souverain pontife Léon XIII

(1884) a fait faire du missel romain une nouvelle édition que doivent désormais reproduire tous les imprimeurs catholiques. C'est le type qu'on doit suivre dans les extraits destinés à l'usage des fidèles, de quelque nom qu'on les appelle : *Paroissien Romain, Euchologe, Livre de prières,* et la reproduction ne peut en être faite sans l'autorisation, ou permis d'imprimer, accordée par l'évêque de l'endroit où se publie l'édition de ces livres. Le missel romain contient les prières qui sont récitées ou chantées à la messe : on y a joint les formules de certaines bénédictions, eau, cendres, cierges, rameaux, parce qu'elles se font avant la célébration du saint sacrifice. Parmi les prières de la Messe, les unes demeurent invariablement les mêmes et forment l'ordinaire, *Ordo Missæ,* placé au milieu du volume pour plus de commodité ; d'autres sont particulières à certains mystères ou fêtes de l'année, elles constituent ce qu'on appelle le *Propre du Temps,* le *Propre ou le Commun des Saints.* De l'ordinaire de la messe quelques parties ont été imprimées sur des cartons séparés, appelés *Canons d'autel,* on les place en avant des chandeliers ou du tabernacle ; à l'usage des évêques, prélats ou abbés, on a imprimé dans un livre spécial, appelé *Canon* ou *Pontifical,* les mêmes prières de l'ordinaire de la messe.

II. Office divin. — 1. *Livres antérieurs au concile de Trente.* — Comme la célébration de la messe, celle de l'office divin requérait un certain nombre de livres. Un auteur du xiie siècle, Jean Beleth (1) énumère ceux usités de son temps : *Sainte Bible* ou Bibliothèque sacrée, pour les leçons de l'Ecriture sainte ; *Passionnaire,* pour la légende des saints martyrs (*Legenda :* ce qu'il fallait lire) ; *Légendaire,* pour la légende des autres saints ; *Homéliaire,* pour les homélies sur l'Evangile ; *Sermologue,* pour les sermons et traités des saints Pères. A ces recueils formés en vue des leçons, il fallait joindre le *Psautier,* recueil des 150 psaumes, nécessaire

____

(1) Voir le *Rational des Offices,* MIGNE, *P. L.,* tome 202, col. 66.

à partir de l'époque où l'on cessa de psalmodier de mémoire ; l'*Antiphonaire* (1) ou recueil des antiennes, le *Responsorial* (2) ou recueil des répons, l'*Hymnaire*, ou recueil des hymnes. L'oraison ou collecte récitée à la fin des heures était prise dans le Sacramentaire dont on a déjà parlé. Enfin le *Martyrologe*, brève notice sur les martyrs et les saints de chaque jour, était lu à prime : ce recueil fit éclore plus tard les *Nécrologes, Ménologes, Calendriers*, liste des noms et éloge des défunts dont on voulait garder le souvenir. Comme la sainte messe, l'office divin avait aussi ses règles, son ordonnance ; tout cela était consigné dans un livre à part, l'*Ordo legendorum*.

En de telles conditions, la récitation de l'office ne pouvait se faire qu'au chœur et en commun : nous avons dit ailleurs (3) ce que réalisèrent, au xiiie siècle, les religieux franciscains pour la composition d'un office qui pût se réciter en dehors du chœur. Ce fut là l'origine des livres appelés *Bréviaires*. L'expression *Breviarium* avait servi antérieurement à désigner l'ordre des offices pendant l'année ; sorte de guide détaillé indiquant les rubriques, les premiers mots des textes à réciter ou à chanter. Elle fut dès lors employée à nommer le livre unique contenant l'office divin dans son entier, c'est-à-dire, psaumes et antiennes, leçons (désormais abrégées), répons, hymnes, versets et oraisons : le livre était vraiment un abrégé de l'ancien office. Jusqu'au concile de Trente et même à la suite de ce concile, au xviiie siècle en France surtout, il connut plus d'une transformation ou altération : on peut s'en rendre compte en lisant notre opuscule, ou mieux encore l'*Histoire du Bréviaire*, par D. Baumer.

2. *Livres postérieurs au concile de Trente*. — Avec la bulle *Quod a nobis* du pape saint Pie V (1568) parut le *Bréviaire romain* obligatoire pour toute l'Eglise ; ce bréviaire, sauf des modifications de détail apportées

---

(1-2) Ces deux mots prennent ici une signification différente de celle que nous avons donnée plus haut.

(3) Opuscule sur le *Bréviaire romain, ses origines, son histoire*, pp. 73 et 80.

sous les papes Clément VIII, Urbain VIII et Léon XIII est en usage aujourd'hui dans l'Eglise romaine ; il contient, avec les rubriques générales et particulières, tout ce qui est nécessaire pour la récitation quotidienne de l'office divin. Sous le nom de *diurnal (liber diurnalis ou horæ diurnæ)* on en a détaché toutes les heures qui se récitent ordinairement pendant le jour. C'est également au bréviaire romain que nos *vespéraux* (livres pour l'office des vêpres) ou *antiphonaires* empruntent leurs antiennes, psaumes, hymnes, répons chantés à l'office du soir. Le martyrologe, dont nous avons parlé, eut aussi ses correcteurs notamment sous Urbain VIII, Benoît XIV (1749) et Pie IX (1873).

III. **Administration des sacrements et bénédictions.** — 1. *Livres antérieurs au concile de Trente.* — Sous le nom d'*Euchologe,* les Grecs ont un recueil des rites et règles à suivre dans la sainte liturgie (célébration de la messe), dans les divers offices, les ordinations, l'administration des sacrements, les bénédictions et prières diverses. C'est vraiment là tout ce que comporte l'expression *Rituel* prise dans sa plus grande extension.

Mais l'Eglise latine a donné au mot *rituel* une signification plus restreinte ; elle l'emploie pour désigner le livre des fonctions sacrées distinctes de la sainte messe et de l'office divin. Antérieurement au pape Paul V (1614) on se servait, en Occident, de divers recueils pour ces fonctions : il y avait le *Baptisterium* pour les rites, onctions et prières du baptême administré solennellement, le *Liber pœnitentialis* ou prières et formules du sacrement de Pénitence, le *Liber processionalis,* pour les prières publiques et les processions, les *Rituales libri,* qui variaient selon les églises particulières et renfermaient un certain nombre de fonctions saintes. En 1537, une première tentative fut faite pour réunir, dans un seul recueil, les rites et cérémonies des sacrements administrés par les curés ou les simples prêtres, ce livre avait pour titre : *Sacerdotale* ou *Liber sacerdotalis collectus.*

2. *Livres postérieurs au concile de Trente*. — En 1714, Paul V fit publier un *Rituel romain*, ou livre contenant les rites à observer dans l'Eglise catholique, pour ceux qui ont charge d'âmes, dans l'administration des sacrements et autres fonctions ecclésiastiques. Des éditions diocésaines se rapprochant plus ou moins de l'édition romaine furent faites au cours des deux derniers siècles : en 1884, la Sacrée Congrégation des Rites a statué que les éditions devraient désormais être conformes à l'édition romaine, surtout en ce qui concerne le chant.

IV. **Pontifical et Cérémonial des Evêques.** — Aux documents mentionnés précédemment, il faut en joindre deux autres d'un intérêt plus spécial. Le premier est le *Pontifical ;* il contient les rites et prières pour les fonctions épiscopales, confirmation, ordination de clercs, consécration des évêques, bénédiction des abbés, consécration des vierges, couronnement des rois, consécration des églises et des cimetières, des vases sacrés, etc. ; il fut édité sous Clément VIII, puis corrigé sous Benoît XIV (1752). Le second est le *Cérémonial des Evêques,* on y trouve la manière de célébrer les offices dans les églises cathédrales et collégiales ; les règles qu'il trace doivent être suivies dans les autres églises pour les points insuffisamment déterminés par les rubriques du missel ou du bréviaire : il fut également revisé sous Benoît XIV.

En résumé, indépendamment des livres de chant, les livres liturgiques officiels sont aujourd'hui au nombre de six : le *Missel,* le *Bréviaire,* le *Rituel,* le *Pontifical,* le *Cérémonial des Evêques* et le *Martyrologe.* Ils ont été composés d'après des documents anciens, représentent les recueils plus nombreux d'autrefois et nous en conservent les traditions vénérables.

V. **La Sacrée Congrégation des Rites** a été instituée en 1587 par Sixte-Quint pour être, au nom du Souverain Pontife, l'interprète vivante de ces documents : elle porte des décrets obligatoires pour l'Eglise universelle en matière de liturgie, approuve les règles à suivre, condamne les coutumes abusives, veille à l'impression des livres liturgiques, donne une solution aux questions et aux doutes qui lui sont proposés.

CHAPITRE II

La sainte Messe.

« En cette action, qui renferme tout le mystère du salut, dit saint Thomas (1), se trouve un appareil plus grandiose de solennité. » « L'Eglise a déterminé et institué, pour sa célébration, des rites et des cérémonies, dont le but est de relever la majesté d'un si grand sacrifice, et d'élever l'âme des fidèles jusqu'à la contemplation des mystères célestes. » (Concile de Trente, sess. 22, ch. 5.) Ces deux citations suffisent pour faire entendre toute l'importance des notions qui vont remplir le présent chapitre. On a cru pouvoir grouper ces notions sous trois articles : 1. Appellations diverses données au saint sacrifice ; 2. Notions qui se rattachent au saint sacrifice lui-même ; 3. Distinctions auxquelles a donné naissance le mode de célébration du saint sacrifice.

ARTICLE I. — APPELLATIONS DONNÉES AU SAINT SACRIFICE.

1. La première appellation demeurée comme la caractéristique de nos saints mystères, est celle de *messe*. Le mot latin *missa* paraît être une forme de l'expression *missio* qui signifie renvoi, congé, faculté de se retirer. Le sacrifice de nos autels fut appelé *missa*, ou au pluriel *missæ*, ou encore *missarum solemnia*, parce que primitivement, au cours de sa célébration, un congé y était donné par deux fois : *a)* aux caté-

---

(1) *Summa theologica,* 3 p., q. 83, art. 4.

chumènes et pénitents ; le diacre les invitait à quitter l'assemblée après l'évangile ou après l'instruction ; *b)* aux fidèles, la même invitation leur était adressée à la fin du sacrifice. C'est là l'interprétation que Benoît XIV et le cardinal Bona (1) donnent comme la plus vraisemblable. Il en est cependant une autre, d'un caractère plus mystique, empruntée aux écrits de saint Grégoire le Grand, de saint Bonaventure et à laquelle saint Thomas d'Aquin semble se rallier : « La messe, dit le premier, est ainsi appelée pour marquer qu'il s'y fait une sorte de transmission ; le peuple fidèle, par le ministère du prêtre, y fait monter jusqu'au Très-Haut ses prières, ses supplications et ses vœux. » « On l'appelle ainsi, ajoute le Docteur Angélique, parce que le prêtre fait monter à Dieu ses prières par l'intermédiaire du Christ, appelé l'ange du Grand Conseil, comme le peuple le fait par l'intermédiaire du prêtre ; ou encore parce que le Christ est la victime que nous envoyons à Dieu le Père (2). » L'expression servait aussi à désigner les autres réunions des fidèles ; appliquée au saint sacrifice dans sa forme un peu vague, elle était destinée à voiler nos saints mystères aux yeux des profanes.

2. Les Grecs avaient d'autres expressions pour désigner le sacrifice de nos autels ; nous relevons seulement les plus importantes. Ils l'appelaient *Liturgie sacrée*, ou simplement *Liturgie*, c'est-à-dire le ministère public, la fonction publique par excellence ; *Synaxe*, ou réunion de personnes qui s'asseoient à la même table, prennent part au même festin, s'unissent entre elles par leur union avec Jésus-Christ, et revêtent dans tout l'ensemble de leur vie une ressemblance divine ; *Anaphore*, ou sacrifice qui élève jusqu'à Dieu les cœurs du prêtre et de tous les assistants ; *Économie*, ou administration prévoyante d'un trésor, dont le but est de

_____

(1) C. Bona, *Rerum Liturgic.* lib. I, tom. I de l'Edition Sala, p. 7, et S. S. Benoit XIV, *de Sacrificio Missæ*, lib. 2, c. 1, n. 2.

(2) S. Thomas, *loc. citat.*, resp. ad 9°.

contribuer à l'avantage de tous. Il est vrai que les Saints Pères ont surtout appliqué le mot Economie au mystère de l'Incarnation, mais beaucoup parmi eux l'ont étendu au mystère de l'Eucharistie à cause de la relation étroite qui unit les deux, et saint Jean Damascène (1) résume bien leur pensée quand il dit : « En ce mystère de l'Eucharistie nous sont manifestées toute la charité et toute la tendresse que Dieu a fait resplendir dans l'Incarnation. »

Les Grecs se servent encore du mot *Eulogie*, allusion à la bénédiction et consécration qui changent le pain et vin au corps et au sang de Jésus-Christ, et qui nous présentent cet aliment divin comme le don par excellence fait par Dieu aux hommes.

3. Les Latins, pour désigner la messe, ont des expressions non moins dignes d'être offertes à notre méditation. Ils l'appellent *Collecte*, c'est-à-dire réunion par excellence, assemblée solennelle, parce que pour assister au saint sacrifice, tout le peuple chrétien se réunit dans un même lieu, se pénètre des mêmes sentiments intérieurs ; *action, agenda,* ou *action par excellence :* le mot employé primitivement pour désigner toute la messe, fut ensuite réservé au canon, c'est-à-dire à la partie la plus redoutable et la plus sainte, celle où se fait la consécration conformément aux règles établies par le Sauveur lui-même : *hoc facite in meam commemorationem ; oblation,* acte par lequel le Christ, l'Agneau sans tache s'offre et s'immole lui-même à Dieu par le ministère du prêtre ; *Communion,* parce que le sacrifice qui ne peut s'accomplir sans la manducation du corps de Jésus-Christ nous établit dans le commerce le plus intime avec ce divin Sauveur, nous communique sa divinité avec son humanité et nous unit entre nous de telle sorte qu'incorporés à Jésus-Christ nous devenons les membres d'un même corps : c'est encore la pensée de saint Jean Damascène (2).

(1-2) S. JEAN DAMASCÈNE, *De fide orthodoxa,* liv. 4, ch. 14 ; — pour tout cet article, on peut voir de longs développements dans le card. BONA, *Rerum Liturgic.,* liv. I, ouvrage précédemment cité.

ARTICLE II. — NOTIONS QUI SE RATTACHENT AU SAINT SACRIFICE LUI-MÊME.

On a signalé plus haut la distinction entre *l'ordinaire* et le *propre* de la messe, mais les parties invariables ou variables du saint sacrifice (il s'agit surtout des formules de prières) se trouvent répandues et mêlées les unes aux autres au cours de toute l'action sainte : la distinction ne peut en conséquence être utilisée pour le présent article. Il est une autre distinction qui partage en deux parties à peu près égales l'offrande du saint sacrifice, nous l'adopterons ici ; elle est fondée sur le double renvoi signalé au commencement de l'article précédent : 1). *Messe des Catéchumènes* ou *avant-messe* ; 2) *messe des fidèles* ou sacrifice proprement dit. Quoi qu'il n'y ait plus de catéchumènes, sauf dans les pays de missions, et que le premier renvoi ait cessé de se faire, les deux parties séparées par le *Credo* ou le commencement de l'offertoire ont gardé chacune son caractère respectif, l'une de préparation, l'autre de sacrifice proprement dit.

§ 1. — *Messe des Catéchumènes.*

Ce nom donné à la première partie de la réunion dans laquelle s'accomplissait le mystère de l'Eucharistie, lui est venu de ce que les aspirants au baptême (qui recevaient l'instruction préparatoire, étaient catéchisés d'où *catéchumènes*) étaient admis à y prendre part, les prières, cérémonies, instructions de ce début pouvaient contribuer à perfectionner leur préparation. On l'appelait aussi *avant-messe*, car tout ce qui s'y accomplit est plutôt une préparation au saint sacrifice, aussi a-t-on pu y voir une de ces réunions où les chrétiens s'adonnaient à la prière et à la lecture et qui fut rattachée à la messe pour lui servir d'introduction.

Elle va du commencement de la messe jusqu'à l'offertoire. Les éléments qui la composent ne paraissent pas y avoir été groupés primitivement comme de nos jours. Des parties les plus anciennes nous trouvons quelques vestiges dans les cérémonies du vendredi saint et du samedi saint : il y avait la lecture de la Loi et des prophètes, des chants empruntés aux psaumes ou aux cantiques de l'Ancien Testament. Bientôt on y ajouta la lecture d'un passage des Epîtres ou des Actes des Apôtres, puis d'un passage de l'Evangile ; à ces lectures et à ces chants se joignait la supplication ou *litanie,* suite des formules dans lesquelles prêtres et fidèles priaient pour tous les intérêts et besoins de l'assemblée, le tout résumé ensuite dans une prière appelée *collecte.* Un peu plus tard apparurent de nouveaux éléments, comme la *confession des péchés,* puis un psaume d'introduction qu'on appela *introït,* puis l'hymne *Gloria in excelsis* intercalée entre la *litanie* et la *collecte ;* enfin pour certains jours le *Credo* ou symbole de la foi fut chanté à la suite de l'Evangile. — Ainsi furent groupés les éléments tels que nous les trouvons aujourd'hui : 1. la *prière* avec ses caractères de confiance dans le psaume *Judica me,* d'humilité dans la *confession des péchés,* et les formules que le prêtre récite au pied de l'autel, de louange, dans l'*Introït* et surtout le *Gloria in excelsis,* d'appel à la compassion dans le *Kyrie eleison,* d'élévation et d'union à Dieu dans la *collecte ;* 2. l'*instruction* dans les lectures soit de l'*Epître,* soit de l'*Evangile* avec l'expression de sentiments que provoque l'enseignement divin, marquée soit dans le *graduel,* l'*alleluia* ou le *trait,* soit aussi dans le *Credo.*

Donnons un mot d'explication sur chacun de ces divers éléments. A) psaume *Judica me* et antienne *Introibo* : il est difficile de dire à quelle époque fut introduite la récitation de ce psaume, l'usage de le réciter vint sans doute de ce que la psalmodie fut considérée comme la meilleure préparation aux saints mystères, et que l'antienne *Introibo* tirée de ce psaume marquait bien les sentiments de joie et de bonheur inspirés par une si sainte action. C'est à partir du xe siècle qu'on trouve la récitation ou de la seule antienne, ou du psaume entier, usitée en un certain nombre d'églises, comme préparation immédiate ; le pape S. Pie V, dans son édition du missel romain, a rendu cette récitation obligatoire (1), sauf pour les messes du temps de la Passion et pour les messes des défunts ; cette pratique dit au prêtre et aux fidèles la confiance dont il faut être rempli en pensant à Celui qui veut être notre force et notre lumière.

B) *Confession des péchés.* — L'acte d'humilité que l'Eglise fait faire ainsi au prêtre lui-même et à toute l'assistance se retrouve en d'autres circonstances, par exemple dans l'office divin : cet acte nous dit quelle confusion doit remplir notre âme toutes les fois que nous nous mettons en rapport avec Dieu, mais plus particulièrement encore quand nous voulons participer au mystère de l'Eucharistie. « Les spectateurs, sur le mont du Calvaire, voyant ce qui se passait après la la mort de Jésus s'en retournèrent en se frappant la poitrine »(S. Luc, c. 23, v. 48). C'est le même drame qui se reproduit à l'autel d'une façon mystérieuse. On estime que la formule usitée aujourd'hui dans l'Eglise romaine existait au xviie siècle ; il y avait cependant des variantes suivant les diverses églises particulières (2).

C) *Introït (Introitus* vel *Ingressa).* — Sous ce nom sont désignés l'*antienne* et le *verset du psaume* avec *Gloria Patri* que le chœur chante aux messes solennelles pendant que le prêtre récite les prières du bas de l'autel, antienne et verset que le prêtre lui-même lit dans le missel au coin de l'épître après qu'il est monté à l'autel. A l'origine, c'est-à-dire vers le ive siècle, on l'appelle *Antiphona ad introïtum* : antienne pour l'entrée, expression qui marque tout à la fois le caractère et le but de ce chant. C'était la forme alternée du chant dans laquelle un chœur répondait à un autre chœur ; l'origine de cette pratique en Occident peut se placer entre l'époque de saint Augustin et celle de

---

(1-2) Voir ZACCARIA *Bibliotheca Ritualis*, t. III, p. 33-36, et BONA, avec les annotations de Sala, t. III, p. 35-39.

Cassiodore ; il y eut, dans la suite, des variations pour la manière d'exécuter ce chant et saint *Grégoire le Grand* opéra un travail d'abréviation dans les antiphonaires anciens. Il y avait d'abord une antienne que chaque chœur chantait successivement ; puis un psaume chanté par le premier des deux chœurs ; entre chaque verset, le second chœur répétait l'antienne ; on continuait ainsi jusqu'au moment où le pontife donnait le signal d'entonner le *Gloria Patri*, après quoi l'on répétait l'antienne une dernière fois. Le pape saint Célestin Ier (423-432) introduisit cet usage dans l'Eglise romaine ; il l'avait emprunté à saint Ambroise de Milan qui le tenait lui-même des Orientaux. Le but fut de porter toute l'assistance à se recueillir dès ce premier instant de la réunion, alors que tous n'avaient pas encore pénétré dans l'enceinte sacrée ; on invitait ainsi ceux qui entraient à faire monter vers Dieu une prière attentive et pure en rapport avec le mystère célébré ce jour-là. Ce chant d'introduction était supprimé les jours où les fidèles étaient déjà réunis pour un autre office précédant immédiatement la messe : nous avons un exemple de cette suppression aux samedis, veilles de Pâques et de la Pentecôte, où les litanies sont considérées comme tenant lieu d'*introït*. Présentement nous avons gardé cette antienne avec le premier verset du psaume et le *Gloria Patri* ; la plupart des *introïts* sont extraits des Psaumes, ceux qui ne le sont pas appartiennent à une époque plus rapprochée de nous, alors qu'on avait oublié le caractère et le but de ces sortes de chant. Nous retrouverons ce caractère dans l'offertoire et la Communion désignées anciennement de la même façon : *Antiphona ad offertorium, antiphona ad communionem*. Cette explication aide à comprendre pourquoi les livres de chant de la messe furent primitivement appelés antiphonaires (1).

D) *Kyrie eleison*. — On trouve ici réduite à sa plus

____

(1) Voir l'article *Antiphone* dans le *Dictionnaire d'Archéologie chrétienne et de Liturgie*, I, col. 2299. — TOMMASI, *Opera*, tom. V préf. p. VIII et suiv.

simple expression une forme de supplication (λιτανεία, *litanie*) en usage à tous les offices dès le ive ou le ve siècle. Le diacre ou le prêtre énonçait une série de demandes et l'assemblée ou un chœur d'enfants faisait suivre chaque demande de ces mots : *Seigneur, Christ, ayez pitié*. Des exemples d'une pareille invocation se lisent dans nos saints livres, et en particulier dans le saint Evangile : ainsi Isa., 32, 2, Baruch, 3. S. Matth., 15, 22 et 20, 30, S. Luc, 17, 13. Telle que nous l'avons, la litanie est réduite à un simple dialogue entre le prêtre et le chœur, les demandes ne sont plus énoncées, et l'on se borne aux neuf invocations, *Kyrie, Christe, Kyrie eleison*. L'Eglise latine conserve ici l'emploi de la langue grecque, comme elle maintient ailleurs les mots *Amen, Alleluia, Sabaoth, Hosanna,* tirés de l'hébreu pour nous marquer l'universalité du sacrifice, pour nous rappeler l'inscription de la croix écrite en ces trois langues (S. Jean, 19, 20). Vers le xiiie siècle, en certaines églises on voulut intercaler entre *Kyrie* et *eleison* ce qu'on appela des *tropes* ou phrases additionnelles du genre de celle-ci : *Kyrie, fons bonitatis a quo bona cuncta procedunt eleison* l'Eglise romaine n'a pas cru devoir les conserver quoiqu'elles parussent destinées à entretenir la dévotion.

E) *Gloria in excelsis.* — Entre le *Kyrie eleison* et la *Collecte*, résumé des demandes primitives, se place, assez souvent, dans la liturgie actuelle, ce chant à la gloire du Père et de son Fils unique Jésus, Agneau de Dieu, qui efface les péchés du monde. Appelé l'*hymne angélique* parce que les mots du début servirent aux anges pour annoncer à la terre la naissance du Fils de Dieu, le *Gloria in excelsis* fut, dans les premiers temps, chanté à laudes, comme cela se pratique encore en Orient ; assez tard, probablement au cours du ve siècle, on le trouve inséré à la messe et seulement pour certains jours : d'après le sacramentaire Grégorien, l'évêque ne doit chanter le *Gloria in excelsis* à la messe que les dimanches et les fêtes, le prêtre seulement à Pâques. Cette dernière restriction fut supprimée vers

le xi⁰ siècle ; — Présentement cette hymne se dit, à la
messe, aux fêtes de l'année, sauf celle des Saints Innocents, pendant les Octaves des fêtes, chaque dimanche,
sauf pendant l'Avent et de la Septuagésime à Pâques :
on l'appelle encore la *grande doxologie*, c'est-à-dire la
grande glorification des trois personnes divines, par
opposition à la *petite doxologie,* qui est le *Gloria
Patri* (1).

F) *Collecte*. — Sous ce nom, on désigne de nos jours
l'oraison ou les oraisons qui se disent à la messe avant
l'épître. L'origine de cette dénomination *(collecta seu
collectio)* paraît se rattacher à une pratique très
ancienne de l'Eglise de Rome, dont le missel romain
a gardé le souvenir ; il n'est pas rare de lire aux messes
du temps cette mention : *Statio ad S. Petrum... ad
S. Mariam majorem... vel alia ;* on indiquait par là
que le Souverain Pontife avec son clergé se rendrait,
au jour marqué, à l'église désignée par le nom de son
Patron pour y célébrer les saints offices. Le clergé pontifical y allait soit individuellement, soit en procession,
en chantant les litanies ou d'autres prières. Dans ce
dernier cas, on partait d'un sanctuaire désigné où se
faisait la réunion du clergé et du peuple, et *au moment
de partir, on récitait une prière* qu'on appelait *collecte,*
c'est-à-dire *prière sur le peuple réuni.* Par extension,
l'expression servit à désigner les oraisons que le prêtre
récite ou chante avant l'épître. — On en vint plus tard
à trouver à ce terme une signification mystique : le
prêtre, a-t-on dit, résume dans cette oraison les désirs
de tous conformément au mystère célébré ; la formule
dont il se sert est comme un abrégé des paroles de la
sainte Ecriture et de l'Eglise universelle ; pendant qu'il
la prononce, tous les fidèles s'unissent pour élever vers
Dieu leur esprit et leur cœur. Beaucoup de ces formules dont nous nous servons actuellement, se re-

(1) Voir D. Cabrol : *Le Livre de la prière antique,* pp. 150-156 ; le
cardinal Bona, *Rerum liturgic.,* lib. II, c. iv, tom. III, pp. 80-87.

trouvent dans les plus anciens sacramentaires (1).

G) *Épître*. — L'épître représente cette partie de l'enseignement que la Bible nous fournit en dehors des saints Évangiles, et que, dès les temps apostoliques, l'Église voulut qu'on donnât sous forme *de lectures* comme préparation au saint sacrifice. Autrefois, ces lectures étaient au nombre de trois : livres de la Loi ou des Prophètes, Épîtres ou Actes des Apôtres, enfin, Evangiles ; dans notre messe actuelle, ces lectures sont généralement réduites à deux, celles de l'Epître et de l'Evangile. La première, dont nous nous occupons ici, est désignée sous le nom de *Lectio*, parce que, même à la messe solennelle, le chant doit se rapprocher d'une simple lecture : *Lectio Apostolica*, parce qu'elle est tirée des écrits des apôtres, le plus souvent de l'apôtre saint Paul. *Epistola* ou épître, parce que c'est le nom sous lequel est généralement connu ce genre d'écrits (2).

H) *Graduel, Alleluia* ou *Trait, Séquence*. — Ces divers chants sont placés entre la lecture de l'épître et celle de l'évangile. Ils ont quelques points de contact avec l'*introït*, mais s'en distinguent sous plus d'un rapport. Là encore, avant l'époque de saint Grégoire le Grand, il s'agissait de tout un psaume chanté pendant que le diacre se rendait à l'*ambon* (sorte de tribune élevée) pour le chant de l'Evangile ; la différence avec l'introït était dans le mode d'exécution. Un seul chantre commençait le verset du psaume en se tenant sur les degrés de l'ambon, et quand il avait terminé tout le chœur lui répondait ; de là le nom de *responsorium graduale* ou plus simplement *gradualis*, répons des degrés ou graduel. D'autres auteurs expliquent le mot *responsorium* en disant que c'étaient des

____

(1) MABILLON, *Musei Italici*, tom. II. *Commentarius in ordinem Roman.* ; Cardinal BONA, *loc. citat.*, pp. 95-104.

(2) Voir card. BONA, *Rerum liturgic.*, lib. II, c. v, tom III, p. 119. Notre liturgie actuelle a conservé un souvenir de la lecture de l'Ancien Testament. Par exemple dans les messes des Quatre-Temps: d'autres fois elle substitue un passage des Prophètes aux épîtres des Apôtres, comme à la messe de l'Epiphanie.

acclamations prononcées par le chœur répondant au chantre, comme celle de l'office divin à la suite des lectures : ἐπιφώνημα : de là, une dénomination commune avec les répons qui faisaient suite aux leçons ; on ajoutait le mot *gradualis* pour marquer que les acclamations se chantaient pendant que le diacre montait les degrés de l'ambon. — Dans la suite (c'est-à-dire du viie et xie siècle), l'Eglise romaine apporta des modifications à ce chant : deux chantres alors commencèrent le répons, le chœur ou la *Schola cantorum* reprit ce qui avait été chanté, puis un seul verset fut chanté au lieu du psaume entier, enfin nouvelle répétition du répons. Plus tard encore, cette dernière répétition fut remplacée par l'*Alleluia* ou le trait. — Le chant de l'*Alleluia, « Dieu soit loué »* était pratiqué à Rome dès le vi^e siècle : mais quand on l'introduisit à cet endroit de la messe, le chœur, dans sa reprise, modula sur un ton joyeux toute une série de notes sur la dernière syllabe *a :* c'est ce qu'on appela le *jubilus* ou *jubilatio.* Ce caractère de joie fit qu'on l'omit dans les temps de pénitence, par exemple : de la Septuagésisme à Pâques : on le remplaçait alors par le *trait, tractus,* ou chant exécuté sans interruption, tout d'un trait, par un seul. Le trait comporte parfois tout un psaume comme on peut le voir au premier dimanche de Carême. — Enfin, vers le xe siècle, l'usage s'introduisit de placer des phrases additionnelles de composition libre, non mesurée, sous la modulation du *jubilus :* on appela ces compositions : *séquences, sequentia,* parce qu'elles venaient à la suite de l'*Alleluia,* comme un appendice : ou encore *proses,* à cause de leur caractère non mesuré ; suivant d'autres le mot *prosa* était une abrévation de *pro sequentia (pro sa).* Le missel romain n'a conservé que quatre de ces compositions : *Victimæ paschali* à Pâques, *Veni Sancte Spiritus* à la Pentecôte : *Lauda Sion* à la fête du Saint-Sacrement, *Dies iræ* à la messe des défunts. Cette dernière suivant Maldonat, constitue plutôt une anomalie, les séquences étant un chant de joie.

I) *Évangile*. — Suit la lecture ou le chant de l'évangile : il y a là toute une série de rites qui marquent la grande vénération professée de tout temps pour la parole de Notre-Seigneur. Celui qui fait cette lecture, prêtre ou diacre, demande à Dieu une bénédiction spéciale, est accompagné de ministres portant des cierges allumés, symbole de la joie répandue par la lumière de la divine parole, fait le signe de la croix sur son front, ses lèvres et son cœur pour marquer son attachement à la doctrine de la croix, baise le texte sacré en terminant et demande à Dieu dans une prière secrète que les paroles saintes effacent en lui ses péchés. — Après l'évangile se donnait une explication de l'enseignement divin, et les catéchumènes, pénitents, etc., étaient congédiés par le diacre : *Si quis est Catechumenus, discedat*, ou *Ite missa est* ou *Sancta Sanctis*. A partir du VIIIe siècle, ce renvoi a cessé de se faire, la formule *Ite missa est* se dit maintenant une seule fois avant la Bénédiction.

§ 2. — *Messe des fidèles.*

La messe des fidèles, ou sacrifice proprement dit, commence à l'offertoire. Pour certaines messes, en particulier le dimanche et dans les grandes solennités, on plaça après l'évangile la récitation ou le chant du symbole : l'introduction s'en fit en Orient vers le VIe siècle ; en Occident, en Espagne vers le même temps ; en Gaule et en Germanie, au VIIIe siècle ; à Rome d'une façon générale vers le XIe siècle : la formule adoptée fut celle du concile de *Nicée* (325) complétée plus tard par le premier concile de *Constantinople* (381).

Les divers actes du saint sacrifice peuvent se grouper autour de trois idées principales : *Oblation, Consécration, Communion*.

I. *Oblation*. — Elle comprend l'offrande (c'est-à-dire la présentation des dons, la préparation de la matière du sacrifice et le lavement des mains), une prière d'oblation et la secrète.

1. *Offrande* : Dans les premiers siècles de l'Eglise, les assistants présentaient à l'autel le pain et le vin, matière du sacrifice, parfois même d'autres substances ; la réception de ces dons par les prêtres ou les diacres exigeait un certain temps ; pendant ce temps on commença, vers le IVe siècle, à chanter un psaume antiphoné, analogue à celui de l'*introït* : ce fut l'*antiphona ad offertorium* ; le psaume fut réduit plus tard à quelques versets entre lesquels se plaçait une sorte de refrain (voir à la messe des défunts dans notre liturgie actuelle), enfin à un seul verset que nous appelons *Offertoire*. Après avoir dit *Oremus*, le prêtre récite immédiatement ce verset : des auteurs ont pensé qu'il y a là un hiatus et que, primitivement, on devait réciter à ce moment des formules analogues aux oraisons du vendredi saint, des prières pour l'Eglise, pour les diverses classes de fidèles ; là aussi étaient mentionnés les noms de ceux qui présentaient les offrandes. Il n'y avait pas alors d'autres formules de prières : celles que le prêtre récite maintenant à voix basse remontent au XIIe siècle et renferment des allusions aux usages anciens : *Suscipe Sancte Pater* et *Offerimus* ce qu'expriment ces prières se trouvait d'ailleurs en substance dans l'oraison secrète ou oraison *Super oblata* dont on parlera plus loin (1). Une tradition qui remonte aux premiers âges veut que le prêtre mêle un peu d'eau au vin versé dans le calice ; la prière de bénédiction : *Deus qui...* dit quelques-unes des raisons mystiques pour lesquelles se fait ce mélange : Notre-Seigneur en agit de la sorte à la dernière cène, de son côté blessé sur la croix s'échappa du sang et de l'eau, le vin symbolise Jésus-Christ, l'eau le peuple chrétien, ce mélange représente l'union du Verbe divin avec notre humanité dans l'Incarnation, puis avec chacun de nous par la grâce (2). La messe solennelle comporte l'*encensement*,

_____

(1) D. CABROL, *Le Livre de la prière antique*, p. 109.

(2) Con. Trid. Sess, c. 22, *de Sacrificio Missœ*, c. 7.

rite destiné à symboliser tantôt l'adoration, tantôt la prière montant vers Dieu, tantôt le parfum des vertus des saints : avant le ixe siècle, l'Eglise romaine n'employait l'encens que pour accompagner le prêtre à l'autel, mais depuis cette époque elle en a fait un plus fréquent usage. Dans nos messes solennelles, l'encensement se fait à l'introït, comme une réminiscence des cérémonies qui accompagnent la consécration de l'autel ; pour le chant de l'évangile, par vénération pour le texte sacré ; dans ces deux circonstances, on encense aussi le prêtre représentant de Notre-Seigneur ; puis, d'une manière plus solennelle à l'offertoire ; les offrandes *(oblata)* et l'autel sont encensés par le prêtre et les prières que celui-ci récite à voix basse donnent la signification de ce rite ; après quoi, on encense le célébrant, le clergé et toute l'assistance pour marquer que l'encens est aussi le symbole de la miséricorde divine et de la grâce répandues sur tous par le moyen du saint sacrifice. Enfin, à l'élévation, on encense le Saint-Sacrement en témoignage de l'adoration qui lui est due. Après l'encensement, le prêtre se lave les mains en récitant une partie du psaume 25 : *Lavabo...* Déjà, il a dû faire cet acte à la sacristie, avant de revêtir les ornements sacrés, et demander à Dieu la pureté du corps et de l'âme : la cérémonie, renouvelée ici, s'explique par la nécessité pour le prêtre de se purifier de nouveau les mains, après avoir reçu les dons et encensé l'autel, et aussi par cette raison mystique qu'on ne saurait jamais être assez pur pour toucher le Dieu auteur de toute pureté.

2. Les dons ainsi reçus et disposés sur l'autel, le prêtre récite une *prière d'oblation : Suscipe Sancta Trinitas ;* il y marque que les saints participent à l'honneur du sacrifice ; puis il se tourne une dernière fois avant la Consécration vers le peuple pour l'inviter à la prière d'une façon plus directe et plus pressante, en disant : *Orate fratres :* c'est comme le prélude à la prière secrète. Ce que le prêtre ajoute tout bas en se retournant vers l'autel est une explication de son appel, et ne

se trouve pas dans les documents antérieurs au ix° siècle ;
de même la réponse du servant fut adoptée d'une façon
uniforme seulement à partir du xiii° siècle, après qu'on
eut employé diverses formules : *Dominus memor sit...
Holocaustum tuum pingue fiat... Suscipiat dominus.*

3. La *secrète*, ainsi nommée parce qu'elle se récite à
voix basse, varie comme la collecte ; elle était primitivement improvisée par le prêtre. L'idée exprimée est, en
général, celle d'un échange ; pour les offrandes qu'il présente au Seigneur, au nom des fidèles, le prêtre demande
à Dieu les dons surnaturels. L'intelligence des formules
contenues dans les anciens sacramentaires et repro-
duites dans nos missels peut faire mieux comprendre
tout le mystère de la messe ; la secrète y est désignée
aussi sous le nom de prière sur les offrandes : *Oratio
super oblata.* Cette pratique de réciter à voix basse la
secrète et la majeure partie du canon est très ancienne ;
elle a pour but principal d'honorer le silence de Jésus
durant les tourments de sa passion, de porter l'assistance à un plus grand respect, à une attention plus
recueillie ; l'attitude du prêtre priant à part pour tout
le peuple rappelle enfin l'attitude du prêtre de l'ancienne Loi pénétrant seul dans le Saint des Saints (1).

II. *Consécration.* — Ce deuxième acte, partie vraiment essentielle du sacrifice, renferme les *prières eucharistiques* (préface et canon) ; l'acte même *de la
consécration avec l'élévation ;* une nouvelle *série de
prières* qui se termine par une doxologie célèbre.

1. *Prières eucharistiques.* — La *préface, præfatio,*
est la préparation au sacrifice, aux prières du canon :
l'usage de cette formule plus ornée, plus magnifique,
dans laquelle le prêtre, comme chef de la famille chrétienne, célèbre les bienfaits de Dieu, Incarnation,
Rédemption, Eucharistie, est très ancien ; autrefois, on
variait les expressions suivant les mystères célébrés,
le prêtre l'improvisait de manière à amener comme
par une transition naturelle, le chant du *Sanctus.* Les

(1) BONA, *Rerum Liturgic.,* lib. II. Edition Sala, tome III, p. 226

anciens livres en contiennent un grand nombre ; on n'en a conservé que onze dans le missel romain. La préface portait différents noms dans les Sacramentaires ; on l'appelait *Immolatio*, en raison du sacrifice auquel elle sert de prélude ; *contestatio* ou *contestata*, c'est-à-dire insistance sur l'idée émise par le peuple dans la réponse : *Dignum et justum est*, attestation qu'il convient d'imiter Jésus rendant grâces à son Père au moment où il institue la sainte Eucharistie ; *illatio* ou *inlatio* (dans la liturgie mozarabe), car le développement de la préface est la conséquence de l'idée qu'il faut rendre grâces à Dieu. La préface se conclut par le chant du *Sanctus*, appelé encore *Trisagion, Epinicion, Hymne séraphique*, chant triomphal emprunté à Isaïe, ch. 6, au ps. 117 et à l'Evangile. S. Matth. 21 : c'est l'Eglise de la terre qui se joint à celle du ciel dans un même concert de louange, de remerciement et de joie.

Le *canon*, ou règle fixe et stable d'après laquelle l'Eglise veut qu'on célèbre le sacrifice du Nouveau Testament, débute par des prières d'une haute antiquité : *Te igitur, Hanc igitur, Quam oblationem ;* la première appelle la bénédiction de Dieu sur les dons présentés au nom de l'Eglise, du Souverain Pontife son chef, de l'évêque du lieu, de tous ceux qui sont en communion avec eux ; la deuxième reprend le même développement avec une petite variante pour quelques solennités (Noël, Jeudi Saint, Pâques, Pentecôte); la troisième appelle les effets de la puissance divine pour la transsubstantiation. Ces prières sont interrompues par deux formules : *Memento* et *Communicantes* placées sous les rubriques *Commemoratio pro vivis* et *Infra actionem :* la commémoraison des vivants était autrefois désignée sous le nom de *Oratio super diptycha* et placée avant la préface. Les diptyques étaient deux tablettes repliées l'une sur l'autre ; on inscrivait sur l'une d'elles les noms des vivants, sur l'autre les noms des défunts dont on voulait faire mention au saint sacrifice, et le prêtre s'interrompait pour en faire ou pour en entendre la lecture : pendant que le prêtre se recueille, chacun peut faire à Dieu ses recommandations particulières. Le *Communicantes* marque l'union de l'Eglise de la terre avec celle du ciel ; on y fait mention spécialement de la sainte Vierge, des douze apôtres, des premiers papes, de deux papes martyrs au III° siècle et de quelques martyrs célèbres à Rome ; il comporte plusieurs variantes placées à la suite des préfaces sous la rubrique : *Infra actionem,* dont le sens paraît être *durant l'action.* Quelques manuscrits, du reste, donnent *intra actionem.*

2. *Acte de la Consécration.* — Les formules *Qui pridie* et *Simili modo,* avec les paroles de la consécration suivent de très près le récit évangélique ; le prêtre rapportant les circonstances de la Cène, refait en union avec Jésus-Christ les mêmes actions, les mêmes gestes, redit les mêmes paroles. L'élévation de l'hostie et du calice, immédiatement après la consécration, est un rite qui ne paraît pas remonter au delà du XII° siècle ; il fut une protestation contre l'hérésie de Bérenger : le rite pris en lui-même est assurément d'une plus haute antiquité mais se pratiquait soit avant le *Pater,* soit au moment de la communion.

3. *Prières après la Consécration.* — On les désigne sous le nom d'*anamnèse,* c'est-à-dire souvenir, à cause du début : *unde et memores ;* trois des principaux mystères, Passion, Résurrection et Ascension du Sauveur sont ici rappelés comme un titre qui nous autorise à présenter notre victime : *Supra quæ* que Dieu le Père daigne jeter sur elle un regard favorable comme il fit pour les sacrifices d'Abel, d'Abraham, de Melchisédech. *Supplices,* l'ange du sacrifice mentionné ici, est ou un esprit céleste, ou Jésus-Christ lui-même, ou le Saint-Esprit. A cette dernière prière se rattache celle qui commence par ces mots : *Per quem hæc omnia :* les expressions *hæc omnia* semblent désigner des offrandes de blé, de vin, etc., présentées au moment de l'offertoire et bénites par le prêtre à la fin du canon. De fait, les anciens Sacramentaires inscrivent

en cet endroit des formules de bénédictions (1); un
vestige de cette coutume se retrouve dans la consécration des saintes huiles le Jeudi Saint : avant *Per
quem*, le pontife quitte l'autel pour bénir l'*huile des
infirmes*. Le *Memento* des défunts et le *Nobis quoque*
forment ici une enclave semblable à celle du *Memento*
des vivants et du *Communicantes* ; cette union de
l'Eglise souffrante, de l'Eglise militante et de l'Eglise
triomphante (quelques nouveaux noms de saints repa-
raissent dans *Nobis quoque*) avait primitivement sa
place dans un autre endroit, sans doute avant la préface. Le tout se termine par une *doxologie : Per
ipsum...* d'une haute antiquité et l'*Amen* que répond
tout le peuple est un acte de foi solennel à la présence
de Notre-Seigneur Jésus-Christ sur l'autel, un acquies-
cement au mystère qui vient de s'accomplir, une rati-
fication des prières prononcées secrètement par le
prêtre (2).

III. *Communion*. — Dans cette dernière partie de la
messe, complément nécessaire de la consécration, il
faut distinguer la fraction de l'hostie, la communion
avec ses prières préparatoires et son action de grâces,
puis les prières finales.

1. *Fraction de l'hostie*. — C'était le commencement
du troisième acte du sacrifice avant saint Grégoire le
Grand : ce pape détermina que l'on dirait auparavant
l'*Oraison dominicale*, cette prière se disait primitivement
avant le baiser de paix. Le *Pater*, faisant maintenant
suite au canon se trouve encadré entre un prologue et
une conclusion : le prologue, *Præceptis salutaribus*
appelle l'attention de l'assistance sur la formule composée
par le Seigneur lui-même ; la conclusion, *Libera nos*,
qu'on appelle aussi *embolisme* (intercalation, insertion),
n'est qu'un développement des dernières paroles pro-

(1) Voir par ex. le *Sacramentaire Gélasien*, fête de l'Ascension,
MIGNE, *P. L.*, tome 74, col. 1124.

(2) Voir D. CABROL, *Le Livre de la prière antique*, p. 509 et les
références p. 511, 512 et 111.

noncées par l'assistance : *sed libera nos a malo ;* le prêtre y énumère les maux dont nous devons demander la délivrance. — Certaines liturgies ne se contentaient pas d'unir les fidèles au prêtre dans cette prière, par la prononciation de la finale, *sed libera ;* la liturgie grecque par exemple, voulait que le peuple récitât avec le prêtre la prière en entier ; la liturgie mozarabe lui faisait répondre *Amen* après chaque demande. L'embolisme aussi se récitait à haute voix, comme cela se pratique, au Vendredi Saint dans le rit romain, et ordinairement dans le rit ambrosien ; pendant la grande conclusion finale, le prêtre commence la *fraction de l'hostie.* Ce dernier rit remonte à Notre-Seigneur qui l'observa dans l'institution du sacrement ; les apôtres imitèrent fidèlement le Sauveur, à tel point que dans leurs écrits le sacrifice est appelé *fractio panis* (Voir Act. ii, 42 ; xx, 7 ; — I Cor., x, 16) ; diverses significations s'y rattachent ; on y voit notamment désignée la pratique de la primitive Eglise où de la quantité considérable de pain consacré, le célébrant séparait une partie pour se communier lui-même ; de l'autre partie, il faisait des morceaux destinés à la communion des assistants, puis des absents retenus chez eux par la maladie ; dans la liturgie romaine, on réservait une parcelle pour la mettre dans le calice à la messe du lendemain ; jusqu'au ixe siècle, en certaines solennités le pape ou les évêques envoyaient une parcelle aux évêques ou aux prêtres afin que ceux-ci s'en communiassent dans le sacrifice qu'ils célébraient. Cette parcelle appelée *fermentum* indiquait l'union étroite qui devait régner entre tous les membres de la communauté chrétienne. Cette pratique donna plus tard naissance à l'envoi des *Eulogies,* pain bénit, mais non consacré, que l'on s'envoyait entre fidèles, en signe de religieuse fraternité (1). Déposant dans le calice une parcelle de l'hostie avec laquelle il a fait plusieurs signes de croix, le prêtre dit : *Pax Domini* et ajoute : *hæc commixtio et*

____

(1) Sur les Eulogies, voir BONA, *Rerum liturgic.,* lib. II, c. 19, et lib. I, c. 23.

consecratio ; ces paroles doivent s'expliquer ainsi : « Que ce mélange et que cet élément déjà consacré soient le salut de ceux qui les recevront. »

2. *Communion.* — A) *Prières préparatoires :* La triple invocation *Agnus Dei,* suggérée par la manière dont saint Jean-Baptiste désigna le Messie à ses disciples, fut introduite avec la finale *miserere nobis,* au commencement du viiie siècle, par ordre du pape Sergius Ier ; vers le xie siècle, au dernier *miserere nobis,* on substitua : *dona nobis pacem.* L'invocation est suivie de trois oraisons dont la première est appelée *oratio ad pacem, oratio pro pace.* Aux messes solennelles se donne alors le baiser de paix : ce rit date des premières années de l'Eglise ; les Epîtres, notamment celles de saint Paul, en font mention ; dans presque toutes leurs réunions, les premiers chrétiens se donnaient cette marque d'affection et d'union. Seuls les membres du clergé le pratiquent aujourd'hui, à la messe solennelle ; à partir du xiiie siècle, on se servit d'un instrument de paix, employé encore dans bon nombre d'églises pour donner la paix aux simples fidèles. — Les deux autres oraisons préparatoires à la communion sont moins anciennes que la première et d'un caractère personnel, le prêtre y parle en son nom ; on ne les trouve pas dans les anciens Sacramentaires. Il semble que la dernière, où il est parlé de la communion sous la seule espèce du pain, devait être suivie d'une autre relative à l'espèce du vin. Le prêtre dit ensuite trois fois les paroles d'humilité, de foi et de confiance que prononça le centurion (S. Matth. c. 8, v. 8) : *Domine non sum dignus* et se communie.

B) *Action de grâces :* les premières formules que le célébrant récite à voix basse : *Quod ore* et *Corpus tuum* se trouvent dans les plus anciens Sacramentaires. L'antienne que nous appelons *Communion : Antiphona ad communionem,* avait primitivement le même but et la même forme que l'introït et l'offertoire ; il s'agissait d'occuper l'assistance pendant le temps où les fidèles communiaient, l'âme était ainsi portée à chanter les louanges du Seigneur en répétant les expressions du psalmiste. De l'ancien chant, nous avons gardé seulement l'antienne, ou refrain répété entre chaque verset. La *postcommunion* est la prière proprement dite d'action de grâces et se trouve en relation étroite avec la collecte et la secrète : même concision théologique et même pureté de style liturgique. Elle était suivie primitivement d'une autre prière appelée *oratio supra populum*. Sur l'invitation : *humiliate capita vestra Deo*, les fidèles se prosternaient et le pontife ou le célébrant prononçait une formule de bénédiction. Ces oraisons existent encore, dans notre missel, aux jours de semaine en Carême.

3. *Prières finales.* — Le congé des fidèles est ensuite prononcé en ces termes : *Ite missa est ;* l'usage de dire : *Benedicamus Domino*, fut introduit au xie siècle pour les jours où il restait à réciter des heures canoniques : les fidèles étaient ainsi avertis de ne pas se retirer immédiatement. La *bénédiction*, dans les premiers temps, se donnait, non à l'autel, mais à la sacristie, aux seuls clercs qui avaient servi à l'autel ; avant le xe siècle, on trouve dans certaines liturgies, comme la liturgie gallicane, une bénédiction donnée par le célébrant soit après la fraction de l'hostie, soit avant la communion. C'est à partir du xie siècle que l'usage de bénir le peuple, tel qu'il existe aujourd'hui, s'étendit dans l'Eglise et fut même considéré comme obligatoire. Le *prologue de l'Evangile* selon saint Jean, récité comme dernière conclusion du saint sacrifice fut d'abord d'un usage facultatif : au xiiie siècle, presque tous les prêtres le récitaient, mais, les uns à l'autel, les autres en se retirant, les autres dans la sacristie, avant ou après avoir quitté les ornements sacrés : saint Pie V a prescrit de faire cette récitation à l'autel. La réponse finale *Deo gratias* est une invitation à l'action de grâces : *Gratias Deo super inenarrabili dono ejus* (II Cor. ix-15).

ARTICLE III. — DISTINCTIONS AUXQUELLES DONNE LIEU LE MODE DE CÉLÉBRATION DE LA MESSE.

1. On distingue principalement deux classes de messes ; les messes *publiques* et les messes *privées*. Ce qui, d'après le cardinal Bona, caractérisait la *messe publique*, c'était la réunion des fidèles qui y prenaient part, par l'assistance, la contribution à l'oblation et la communion : ceci pouvait avoir lieu dans les cryptes, les catacombes mais non dans les églises des monastères (1). Cette notion s'est un peu modifiée parce que les conditions de participation à l'oblation et à la communion ne se réalisent plus guère : on est convenu aujourd'hui d'appeler messe publique celle à laquelle assistent les fidèles dans les paroisses ou les communautés qui ont un oratoire public ou semi-public (c'est-à-dire d'un accès facile à tous les fidèles). Dans un sens opposé, on appela *messe privée*, celle où le prêtre n'a d'autre assistance que celle d'un servant dont la présence est de rigueur, ou seulement celle de quelques fidèles, qu'il y ait ou non communion des fidèles présents.

La messe privée peut être célébrée dans un oratoire privé. — En raison de la *solennité*, la messe publique est dite *solennelle* quand elle se célèbre avec chant, encensement, ministres sacrés et cérémonies, conformément aux prescriptions du missel et du cérémonial des Evêques : célébrée par un évêque ou un prélat, elle prend le nom de *messe pontificale*. Elle est dite simplement *messe chantée* ou *grand'messe* quand elle se célèbre avec chant, mais sans encensements et ministres sacrés (diacre et sous-diacre). Célébrée sans aucune des conditions de la messe solennelle, elle prend le nom de *messe privée*, ou encore *messe lue, secrète, basse*.

2. La messe publique peut être ou *paroissiale* ou *conventuelle* : la messe *paroissiale* est celle que doivent

(1) Bona, *Rerum liturgic.*, lib. 1, c. 13, § 3, t. I, p. 266.

célébrer et appliquer à l'intention de leur troupeau tous ceux qui ont charge d'âmes (évêque, curé, vicaire, administrateur); ils doivent le faire, autant que possible, par eux-mêmes et dans leur église, tous les dimanches et fêtes d'obligation. — La messe *conventuelle* est celle qui se dit chaque jour, conformément à l'office du Bréviaire, dans les églises *cathédrales, collégiales, monastiques* en présence des chanoines, clercs, religieux attachés à ces églises; dans le cas des cathédrales ou collégiales, elle est dite aussi messe *capitulaire* parce que la réunion des chanoines a pris le nom de chapitre. — En dehors des conditions énoncées au sujet de la messe paroissiale, le prêtre qui célèbre peut appliquer le fruit du sacrifice à des *intentions particulières*, personnelles, individuelles; et c'est encore un point de vue sous lequel la messe est dite *privée quant à l'application*.

3. Dans l'ordre de conformité ou non conformité avec l'office divin, une messe est dite *conforme à l'office* quand ses parties variables (introït, collecte, etc.), sont mises en correspondance avec l'office récité au bréviaire; elle est *non conforme* lorsque ces parties variables qui constituent le propre de la messe, ne correspondent pas à l'office du bréviaire. Le choix de ces parties étant laissé au prêtre sous la réserve de certaines règles à observer, ces messes sont appelées *votives*; il y a des messes votives qui ont pour but d'honorer un mystère ou un saint, d'autres sont dites pour obtenir certaines grâces, d'autres spécialement pour soulager les âmes du purgatoire. On ne peut les célébrer qu'aux jours de féries (sauf aux féries privilégiées) ou aux jours de fêtes semi-doubles.

CHAPITRE III

Les offices liturgiques.

Sous cette dénomination générale, on comprend tout ce qui se rattache à la prière officielle, publique, accomplic en union avec Jésus présent au milieu de nous dans le saint tabernacle : c'est la louange divine réalisée chaque jour au nom des fidèles par un personnel spécial et qu'on peut appeler l'*office strictement liturgique*. Elle a son complément dans un certain nombre de pieuses pratiques en faveur des fidèles qui ne peuvent prendre part à la louange divine : ces pratiques peuvent être rangées sous le titre *d'offices non strictement liturgiques*.

ARTICLE I. — L'OFFICE STRICTEMENT LITURGIQUE OU LE BRÉVIAIRE.

Pour en donner une idée, il faut dire ici : 1. Sa notion et ses diverses appellations ; 2. Sa distribution pour les heures du jour et de la nuit ; 3. Les éléments qui en forment la composition matérielle.

§ I. — *Notion du Bréviaire et diverses appellations.*

Le *Bréviaire* est le livre de l'office divin ou du saint office. L'office divin est l'une des principales expressions de l'adoration publique due à Dieu et formulée par l'Eglise entière : avec ses diverses heures, il forme, autour du saint sacrifice de la messe, comme une auréole de chants et de prières, dans lesquels nous glorifions Dieu, nous le remercions de ses bienfaits, nous implorons ses grâces ; il n'a sa signification complète que s'il est récité publiquement, dans nos saints temples, par un chœur de prêtres, de moines ou de religieuses avec la participation des fidèles. Les clercs séculiers élevés aux ordres majeurs sont tenus à le réciter, comme représentants attitrés de l'Eglise en cet office, et doivent le faire au moins en particulier, se souvenant du grand honneur qui leur est accordé et des grands services qu'ils rendent par là à la société.

Le bréviaire a reçu divers autres noms qui nous disent son excellence et son but. Le cardinal Bona l'appelle la *divine psalmodie*, parce que les psaumes forment la partie principale de la divine louange ; on le désigne aussi sous le nom d'*office divin*, c'est-à-dire tribut du service que nous présentons à la divine majesté ; de *cours divin*, ou développement de la prière à travers les heures du jour et de la nuit ; de *prière canonique* ou *heures canoniques* ou supplication faite conformément aux règles établies pour la mesure et pour le temps ; d'*œuvre de Dieu* ou *œuvre divine*, c'est-à-dire l'ouvrage que nous devons fournir à l'honneur de Dieu le Père, en union avec son Fils et le Saint-Esprit, qui prient en nous et avec nous ; enfin de *synaxe* ou de *collecte*, pour marquer le caractère public de cette prière.

§ II. — *Distribution pour les heures du jour et de la nuit.*

Conformément à la recommandation du Sauveur, (S. Marc, 13, 33-35) on voulut dès les premiers temps, sanctifier par la prière la nuit et le jour ; de là cette distinction entre l'office de la nuit et l'office du jour. L'office de la nuit, *vigiliæ nocturnæ* se récitait entre le coucher du soleil et son lever du lendemain ; on y rattachait primitivement *vêpres, complies*, les *nocturnes* et les *laudes* : l'office du jour, *horæ diurnæ*, sanctifiait les principales divisions du jour, de trois en trois heures ; on eut ainsi les heures de *prime, tierce, sexte* et *none*. Il faut remarquer, à propos de cette énumération, que prime et complies apparurent un peu plus tard que les autres heures, vers le IVe ou le Ve siècle. Pour voir dans ces diverses heures la réalisation de la parole du psalmiste (ps. 118) : *Septies in die laudem dixi tibi*, les uns réunissent ensemble les nocturnes et les laudes, d'autres mettent à part les vigiles de la nuit, et comptent sept parties dans l'office du jour : laudes, prime, tierce, sexte, none, vêpres et complies. Saint Benoît dans sa règle (ch. XVI) adopte cette seconde manière de compter ; elle est également présupposée par les éditeurs de nos diurnaux ou *Horæ diurnæ*.

L'*office nocturne,* désigné autrefois sous le nom de *Vigiliæ nocturnæ,* appelé maintenant *Matines,* avait pour but de faire sanctifier, par la prière et les pieuses lectures, les trois premières veilles de la nuit, de là sa distribution en trois nocturnes dont chacun comporte des antiennes et des psaumes, des leçons et des répons. Primitivement, il est vrai, cette subdivision n'existait pas ; les féries des jours de semaine fournissent l'exemple de ce qui fut pratiqué tout d'abord : tous les psaumes étaient récités, au nombre de douze, ordinairement on les faisait suivre de lectures ou leçons dont la longueur était déterminée par le président de l'assemblée ; un temps plus ou moins considérable était donné à la méditation. C'était la veillée pendant laquelle l'Eglise unissait sa prière à celle du Sauveur durant la nuit qui précéda sa passion. Dans la suite des âges, en même temps que la distribution se modifiait, on ajouta l'*Invitatoire,* les *Répons,* le *Te Deum.* La fin de l'office nocturne devait coïncider avec le commencement du jour où l'on commençait alors les laudes.

Les *Laudes, laudes matutinæ,* le chant du matin, sont dans l'office une hymne d'actions de grâces pour remercier Dieu d'avoir tiré les hommes des ténèbres de l'ignorance ; on y rattachait aussi le souvenir de la résurrection du Sauveur. C'est dans ce but qu'ont été choisis les psaumes et les cantiques des laudes : après le *Deus in adjutorium* qui se retrouve au commencement de toutes les heures, se succèdent *cinq* antiennes ; sous chacune de ces antiennes se récitent ou se chantent les psaumes et un cantique de l'Ancien Testament ; au troisième rang il y a deux psaumes réunis sous un seul *Gloria Patri,* au quatrième rang, le cantique de l'Ancien Testament, au cinquième rang, les trois derniers psaumes du psautier réunis sous un même *Gloria Patri.* Viennent ensuite un *Capitule* ou Leçon brève, l'*hymne,* le *verset,* le cantique *Benedictus* avec son antienne et l'*Oraison.* Les laudes, pour la structure comme pour la solennité, ont beaucoup d'analogie avec les vêpres.

A la première heure qui suit le lever du soleil se place *prime* qu'on peut appeler la prière du matin de l'Église et la préparation aux travaux de la journée. Cette partie de l'office a conservé l'empreinte de son origine monastique ; on y voit deux sections bien distinctes : l'*Office du chœur* dont la structure ressemble à celle des autres petites heures : hymne, antienne, psaumes (ou trois parties de psaume), leçon brève ou capitule, répons, verset, oraison. Cette dernière ne varie point, elle exprime les dispositions du chrétien au commencement du jour ; remerciement, demande de secours, résolution. L'*Office du chapitre* comprend la lecture du martyrologe (pour la récitation publique), la prière pour le travail, une leçon brève (dans les monastères on lit un chapitre de la règle), puis la bénédiction. Les autres heures ont également hymne, antienne, psaumes, capitule, verset, répons, oraison, le tout de peu d'étendue, pour laisser le temps aux occupations de la journée. Le souvenir qu'elles éveillent dans l'âme est indiqué par l'hymne du début. *Tierce* est l'héure de la descente du Saint-Esprit au jour de la Pentecôte, *sexte*, l'heure du crucifiement, l'heure aussi de la lutte plus intense pour le chrétien, *none*, l'heure de la mort du Sauveur.

Les *vêpres* sont le *Sacrificium vespertinum*, l'ancien *lucernaire* qui résume et, au besoin, répare, le soir, l'œuvre de la journée : le dimanche, dans les paroisses, elles sont chantées solennellement et forment l'office de l'après-midi : après le *Deus in adjutorium, cinq* psaumes avec antiennes, capitule, hymne et verset, *Magnificat* avec son antienne, oraison. On y retrouve, avons-nous dit, beaucoup d'analogie avec les laudes.

Enfin les *complies*, issues du Lucernaire et complément de vêpres, honorent la sépulture du Sauveur et constituent une excellente prière du soir. Qu'on en juge par ses détails : leçon brève caractéristique et confession des péchés, *Converte nos* et *Deus in adjutorium*, quatre psaumes sous une antienne, hymne, capitule et répons bref, cantique *Nunc dimittis*, oraison et bénédiction.

§ III. — *Éléments qui forment la composition matérielle des heures.*

Après les formules d'introduction, les éléments qui se retrouvent dans chacune des heures du bréviaire peuvent se ramener à trois principaux : la psalmodie, la lecture, la prière.

Il est une formule d'introduction commune à toutes les heures, c'est le verset du psaume 69, *Deus in adjutorium*, avec *Gloria Patri* ; un appel à Dieu dont le secours nous est nécessaire pour bien prier. A matines, on le fait précéder du verset *Domine labia mea aperies,* emprunté au psaume 51, à complies, du *Converte nos,* emprunté au psaume 84. Matines a aussi l'*Invitatoire*, sorte d'exhortation par laquelle les ministres du Seigneur s'excitent mutuellement à louer Dieu, en se servant du psaume 94 ; dès le viie siècle, ce psaume était appelé *Responsorium hortationis ;* il est récité sous forme de répons, la formule qui sert de reprise entre les versets du psaume varie suivant les jours, fêtes ou mystères que l'on célèbre.

Psalmodie. — Les psaumes, au nombre de 150, ont toujours formé la partie principale de la prière des chrétiens, nous avons vu qu'ils sont employés aussi à la messe ; dans la disposition du Bréviaire, on s'est préoccupé, dès les premiers temps, de réciter au moins une fois par semaine tout le psautier. C'est dans ce but qu'au *Psalterium,* les psaumes sont distribués pour tous les jours de la semaine : à part quelques-uns d'un usage quotidien, les 108 premiers sont répartis pour matines, laudes et prime de chaque jour, ceux entre 109 et 147 servent pour les vêpres. Au bréviaire monastique, il y a des psaumes distincts pour prime, tierce, sexte et none de chaque jour de la semaine : le bréviaire romain y fait répéter chaque jour le psaume 118. On termine chaque psaume par *Gloria Patri,* petite doxologie en l'honneur de la Très Sainte Trinité, la formule remonte, croit-on, aux temps apostoliques, mais devint d'un usage commun au ɪvᵉ siècle, comme protestation contre l'hérésie arienne. A côté des psaumes, l'Eglise a emprunté à l'Ancien Testament sept cantiques pour les laudes des sept jours de la semaine ; les trois cantiques du Nouveau Testament, *Benedictus*, *Magnificat* et *Nunc dimittis* se récitent chaque jour à laudes, à vêpres et à complies. — Les antiennes, sorte de refrain au commencement et à la fin des psaumes, sont pour la plupart empruntées à ces derniers (voir les offices des féries et du Commun des saints) ; quelques-unes sont empruntées à d'autres passages de l'Ancien ou du Nouveau Testament, d'autres à l'histoire du mystère ou à la vie du saint que l'on honore, voir par exemple les antiennes de saint Laurent ou de saint André ; pour certaines, l'Eglise a mêlé des paroles de circonstance à un passage de la Sainte Ecriture, comme pour la fête de l'Assomption ou quelques offices en l'honneur de la Sainte Vierge. — Les versets, brève formule empruntée d'ordinaire à la Sainte Ecriture, ont pour objet de tourner notre attention vers Dieu au moment où l'on va réciter quelque oraison : nous les trouvons à la fin de chaque nocturne avant l'absolution ; à laudes et à vêpres, immédiatement après l'hymne ; aux autres heures après le répons bref ; dans les mémoires, immédiatement avant l'oraison. Il existe une relation assez étroite entre les versets d'un même office ; ainsi les versets de chaque nocturne servent à constituer les répons brefs et les versets de tierce, sexte et none (1). — Les *absolutions* paraissent avoir été comme une formule de conclusion terminant la récitation des psaumes, et ont quelque analogie avec les Bénédictions dont elles ont pu parfois tenir lieu ; c'est vers le xɪᵉ siècle qu'elles firent leur apparition dans l'office ; on les trouve à la fin de chaque nocturne et aussi à la fin de prime et de complies, dans ces deux

____

(1) Vɪɢᴏᴜʀᴇʟ : *Cours synthétique de liturgie*, p. 148

dernières heures, elles sont désignées sous le nom de *Bénédiction* (1).

Lectures ou Leçons. — On entend par là des passages lus après les psaumes de chaque nocturne. Il y en a aujourd'hui de trois sortes : les unes, celle du premier nocturne sont empruntées à la sainte Ecriture (Ancien ou Nouveau Testament) dont les livres sont distribués au cours de l'année liturgique ; le passage est appelé *écriture occurrente* ; d'autres, celles du second nocturne, sont empruntées, soit aux écrits des saints Pères, soit aux actes des saints ; d'autres enfin, celles du troisième nocturne, sont une homélie ou explication de l'Evangile du jour, dont on lit d'abord les premières lignes. C'est le cas des offices à neuf leçons ; mais certains offices ont seulement un nocturne et trois leçons. Avant de commencer la lecture, le lecteur demande la bénédiction ; la formule de cette bénédiction est prononcée par le président du chœur : l'usage en est très ancien et remonte au iv⁰ siècle, mais les formules actuellement usitées ne paraissent pas antérieures au ix⁰ siècle. La conclusion : *Tu autem* de chaque leçon est tout à la fois un acte d'humilité, de demande et de reconnaissance. Aux heures autres que matines se trouvent des lectures tout à fait abrégées que pour cette raison on a appelées *Leçons brèves,* ou *Capitules* ; elles sont dites par le plus digne du chœur, sans la bénédiction et sans la conclusion *Tu autem,* on dit néanmoins : *Deo gratias :* à vêpres, à laudes et aux petites heures elles font suite aux psaumes ; on en trouve une au commencement de complies, une autre à la fin de prime. Le répons ou *cantus responsorius* est actuellement la réduction d'un psaume qu'on chantait par petites divisions après chaque lecture pour reposer le lecteur. Le chantre commençait un ou plusieurs versets et le chœur les répétait en entier ou en partie. On se borna ensuite à quelques versets et on

____

(1) D. BAUMER, *Histoire du Bréviaire,* traduction Biron, tome I, p. 356.

choisit des passages de psaume ou de quelqu'autre livre
saint qui devaient traduire l'impression produite par la
lecture. Ces répons de matines sont appelés *répons
prolixes*, pour les distinguer des *répons brefs*, ou
répons plus courts, que l'on trouve aux petites heures
du bréviaire romain, à laudes et aux vêpres du bréviaire monastique (1). Les *hymnes* sont des compositions lyriques ; elles forment des strophes de rythmes
variés. Saint Augustin les caractérise en disant que
ce sont des « *cantus cum laude Dei* » (Serm. in Ps. 148) ;
on les désigne sous le nom de chants ambrosiens, parce
que saint Ambroise en composa un certain nombre et
contribua à les introduire en Occident. D'ordinaire
elles ont quatre parties : invocation, exposé du mystère,
demande, doxologie ; d'autres fois elles forment comme
un récit historique que l'on peut partager entre les
différentes heures, mais dont il importe de ne pas
intervertir l'ordre. On trouve une hymne au commencement de matines et de chaque petite heure, après le
capitule de laudes et de vêpres avant le *Tu autem in
nobis es Domine* de complies. Du caractère des hymnes
est le chant *Te Deum laudamus* qu'on trouve à la fin
de matines et qui est en usage depuis le ve siècle ou le
commencement du vie ; le bréviaire le désigne sous le
nom de cantique, il célèbre les gloires de la sainte
Trinité et appelle les bénédictions du ciel sur la journée
qui débute : *dignare Domine die isto.*

Prière. — La demande se trouve admirablement
résumée dans cette formule qu'on appelle la *collecte*
de la messe et qui reparaît dans l'office divin comme la
conclusion de toutes les heures (sauf pour prime et
complies dont l'oraison est toujours la même). Le *Pater,*
récité à haute voix, en tenait lieu dans les premiers
siècles, le bréviaire monastique a conservé la récitation
du *Pater* à toutes les heures avant la collecte, le bréviaire romain n'a conservé que la collecte. A certains

<hr>

(1) D. BAUMER, *Histoire du Bréviaire*, tome I, p. 172. Réflexions
sur quatre manières de chanter les psaumes : répons, antienne, trait,
cantus in directum.

jours, on retrouve dans le bréviaire romain la trace du *Kyrie eleison* ou litanie dont nous avons parlé ailleurs ; l'ordre romain y a ajouté un certain nombre de versets et même les psaumes *Miserere* ou *De profundis*, c'est ce qu'on appelle les prières dominicales ou les prières fériales. Au xie siècle furent ajoutées pour certains jours les mémoires communes ou *suffrage des saints :* ce sont des antiennes, versets et oraisons en l'honneur de la Croix, de la Sainte Vierge, de saint Pierre et saint Paul, du saint Patron, en 1871 Pie IX y a ajouté la mémoire de saint Joseph comme patron de l'Église universelle.

Comme conclusion de l'office, mais obligatoires seulement pour la fin de complies et de laudes, nous avons les Antiennes à la Sainte Vierge : *Alma, Ave Regina, Regina cœli, Salve ;* quatre pour les diverses époques de l'année ; elles étaient en usage au xiiie siècle, chez les Franciscains et dans certains ordres monastiques, elles ne parurent au bréviaire romain que vers le xvie siècle.

On voit par ce bref exposé que le bréviaire ou office divin fournit un excellent moyen de sanctifier les divers moments de la journée et l'on comprend qu'en des siècles de foi, les simples fidèles aient trouvé leurs délices dans la récitation de cette prière officielle : cette prière est faite en leur nom et ceux qui sont tenus par devoir de leur charge de la réciter chaque jour, remplissent cet office au nom de toute la communauté chrétienne.

ARTICLE II. — OFFICES NON STRICTEMENT LITURGIQUES

Certaines solennités eucharistiques, d'institution plus récente que l'office divin, peuvent être considérées comme le complément de la prière publique dont Jésus est l'âme dans l'adorable Eucharistie : ce sont les *processions*, les *expositions* et les *bénédictions du Très Saint Sacrement,* il importe d'en dire ici quelques mots.

**1. *Processions*. — Ce sont, en général, des prières ou supplications publiques adressées à Dieu par le clergé et les fidèles, pendant qu'on se rend d'un sanctuaire à un autre ; elles ont une haute antiquité, quelques-unes au moins. Ainsi, les *Litanies majeures* qui se célèbrent le 25 avril, existaient avant l'époque de saint Grégoire le Grand ; ce pape leur donna plus de solennité à l'occasion d'une peste qui sévit à Rome en 590. Les *Litanies mineures* ou processions des Rogations, furent d'abord une institution locale ; à Vienne en Dauphiné, elles prennent naissance sous l'évêque Mamert en 470 ; c'est au ixe siècle seulement que le pape Léon III (816) les approuve pour toute l'Eglise. On trouve encore d'autres processions d'un caractère particulier et rattachées à la célébration du saint sacrifice, comme celles de la *Purification* (2 février) et des *Rameaux*. La procession du *Très Saint-Sacrement* remonte seulement au xiiie siècle ; elle fut célébrée d'abord en Belgique, à l'instigation d'une sainte religieuse, la Bienheureuse Julienne du Mont-Cornillon, puis établie pour toute l'Eglise, en 1264, par le pape Urbain IV : on peut y voir comme un triomphe du dogme de la présence réelle contre les hérésies qui tendaient alors à le nier. (Voir ce qu'en dit le concile de Trente. Sess. XIII, cap. 5.)

**2. *Expositions*. — L'exposition du Très Saint Sacrement est un rite qui fut adopté peu après Urbain IV et prit de l'extension dans les siècles suivants, notamment au xvie, alors que l'hérésie protestante s'éleva contre le dogme de la présence réelle. On distingue plusieurs sortes d'Expositions, différenciées par le degré de leur solennité. La plus solennelle est celle des *Quarante heures*, obligatoire dans les églises de Rome pendant les jours qui précèdent le mercredi des cendres. *L'Instruction Clémentine* en règle les détails pour la ville de Rome, il convient de s'en rapprocher partout ailleurs. Une autre exposition est celle de l'*Adoration perpétuelle ;* dans beaucoup de diocèses, elle convie les fidèles de chaque paroisse à représenter successivement tout le diocèse dans le culte du Saint Sacrement solennellement exposé. Puis certains diocèses ont la coutume d'exposer le Saint Sacrement une fois par mois aux offices, le dimanche, ou un autre jour. Pour ces différents cas où le Saint Sacrement est placé dans l'ostensoir sur le tabernacle, il faut toujours assurer un nombre suffisant d'adorateurs pour le temps où le Saint Sacrement demeure exposé. L'exposition la moins solennelle est celle où le saint ciboire est placé sur l'autel en dehors du tabernacle.

3. *Bénédictions*. — L'exposition du Saint Sacrement est toujours clôturée par la bénédiction, cérémonie où l'on chante *Tantum ergo* et *Genitori*, où le prêtre encense le Saint Sacrement, et après le verset *Panem* puis l'oraison, bénit l'assistance par un signe de croix, avec l'ostensoir ou le saint ciboire. Cette bénédiction peut ne pas être précédée des expositions dont nous avons parlé ; elle constitue d'ordinaire, en France, une fonction à part, souvent des plus solennelles. Toutefois, pour la donner, il faut une autorisation de l'évêque.

CHAPITRE IV

Sacrements et Sacramentaux.

Suivant la remarque du cardinal Bona (1), dans les premiers temps, toutes les fonctions liturgiques, administration des sacrements et diverses bénédictions s'accomplissaient durant la célébration du saint sacrifice ; l'Eucharistie était, à juste titre, considérée comme la consommation, le suprême perfectionnement de toutes les œuvres de sanctification. Ainsi le baptême et la confirmation étaient conférés immédiatement

------

(1) BONA, *Rerum Liturgic.*, libri II, c. 14, § 5.

avant la messe du Samedi Saint et du samedi veille de la Pentecôte, les saints ordres et le mariage sont, encore maintenant, administrés au cours de la célébration de la messe, la réconciliation des pénitents avait lieu pendant la messe du Jeudi Saint, pendant laquelle aussi l'évêque consacre les saintes huiles, matière des sacrements ; enfin l'extrême-onction se donnait aux malades après qu'on avait célébré la messe (1). Si la discipline actuelle a quelque peu changé, il reste toujours vrai de dire qu'il existe des rapports très intimes entre la sainte Eucharistie et les autres sacrements. Cette observation permet de mieux comprendre les explications qui vont suivre sur les Sacrements en général, les Sacrements en particulier et les Sacramentaux.

ARTICLE I. — SACREMENTS EN GÉNÉRAL.

Très souvent dans l'administration des sacrements, on trouve réunis les rites suivants : *Aspersion* de l'eau bénite, *encensement, signe de croix, onction* de l'huile sainte ; ils sont comme le symbole des effets extérieurs de l'Esprit-Saint que l'Eglise a résumés ainsi dans l'une de ses hymnes :

> *Fons vivus, ignis, caritas*
> *Et spiritalis unctio.*

L'*aspersion* de l'eau bénite, dans l'intention de l'Eglise, a pour effet d'écarter toute espèce de mal et de rendre présente l'action de l'Esprit-Saint : *ubicumque fuerit aspersa, prœsentia sancti Spiritus nobis misericordiam tuam petentibus ubique adesse dignetur.* — L'*encensement* marque que l'Esprit-Saint allume dans l'âme le feu de la charité et que le parfum d'une vie chrétienne est agréable à Dieu. — Le *signe de croix* est comme la prise de possession de l'objet ou de la personne par Dieu même, il y fait passer comme une

---

(1) Menghini, *Elementa juris liturgici*, p. 9, in-8, Romœ. Desclée, 1907.

vertu surnaturelle du trésor divin. — Enfin l'*onction sainte* de l'huile représente l'abondance des dons divins par laquelle l'influence de l'Esprit-Saint est en quelque sorte multipliée.

Ces rites, le prêtre qui administre le sacrement doit les connaître et les observer exactement ; il doit les faire connaître aux fidèles, en même temps qu'il leur en explique la signification et leur indique les dispositions dont ils doivent être animés.

ARTICLE II. — SACREMENTS EN PARTICULIER.

I. *Baptême.* — On trouvera dans la théologie ou le catéchisme tout ce qui se rattache à la notion, à la nécessité, à la matière et la forme, au ministre, au sujet et à ses dispositions : nous ne parlons ici que de l'administration des sacrements comprenant les différents rites et cérémonies que l'Eglise y accomplit.

L'administration du baptême requiert comme rites essentiels les deux éléments de *l'ablution* et de *l'invocation de la sainte Trinité* ; toute personne, admise à baptiser, dans le cas de nécessité, doit toujours les effectuer simultanément. Dans l'administration solennelle, l'Eglise a de tout temps réuni beaucoup d'autres cérémonies qu'on peut ranger sous deux titres : les *rites du catéchuménat* et les *rites du baptême.* — 1. Aux premiers siècles, les *rites du catéchuménat* s'accomplissaient en des jours différents : on en retrouve la trace dans les anciens sacramentaires. Les jours étaient désignés sous le nom de *jours de scrutin :* à Rome, il y en avait jusqu'à *sept*, échelonnés entre le mardi de la troisième semaine de Carême et le Samedi Saint. C'étaient : l'admission au rang des compétents, l'exorcisme, l'insufflation et l'inhalation, la tradition du Symbole et de l'Oraison dominicale, le contact des oreilles et des narines, le renoncement, enfin l'onction de la poitrine et des épaules avec l'huile des catéchumènes. Ces divers rites se retrouvent dans notre baptêeme solennel ; ils se présentent avec le caractère d'une *purification* (dans l'exorcisme, l'insufflation et l'inhalation, le signe de croix, le sel bénit déposé sur les lèvres), d'une *instruction* (les répondants au nom de l'enfant, ou le baptisé lui-même s'il est adulte, doivent réciter avec le prêtre le Symbole des Apôtres et l'Oraison dominicale), enfin d'une *renonciation* (nouvel exorcisme, contact des oreilles et des narines, interrogation sur le renoncement à Satan, onction avec l'huile des catéchumènes). — 2. Les *rites du baptême* s'accomplissaient le jour même où le Sacrement était conféré : ils n'ont pas varié et se ramènent aux trois actes suivants : une *préparation immédiate,* c'est l'interrogation sur la croyance et sur la volonté d'être baptisé ; la *régénération* elle-même par l'eau baptismale versée et les paroles prononcées en même temps ; les *actes complémentaires,* savoir, une onction avec le saint chrême, qui peut être considérée comme un prélude au sacrement de confirmation (primitivement ce second sacrement était conféré à ce moment par l'évêque au nouveau baptisé) ; enfin imposition du chrémeau, mémorial de la robe blanche que le nouveau baptisé devait porter pendant les huit jours qui suivaient son baptême, comme symbole de sa pureté sans tache ; présentation du cierge allumé, symbole de la lumière que le nouveau chrétien doit porter dans son âme.

II. La *Confirmation,* comme on vient de le dire, était primitivement conférée en même temps que le baptême : de nos jours, elle en est séparée. Ses rites essentiels sont la *prière* et l'*imposition des mains* dont parlent les Actes des Apôtres (VIII, 14-17 et XIX, 1-6) ; dès le IIᵉ siècle, les auteurs sacrés nous parlent d'une onction et, dans les siècles suivants, les Pères expliquent dans le détail la signification du *saint chrême* avec lequel le pontife trace une croix sur le front du confirmé. Le *saint chrême,* mélange d'huile et de baume, est bénit très solennellement par l'évêque, le Jeudi Saint ; l'huile exprime l'abondance des dons de l'Esprit-Saint qui remplissent le confirmé de lumière, de douceur et de force ; le baume dit le parfum d'édification que le confirmé doit répandre. Enfin le pontife touche légèrement la joue du confirmé en lui souhaitant la paix qu'il devra garder au milieu des affronts.

III. *Pénitence*. — Le rite de ce sacrement comporte les divers actes requis pour le prononcé d'une sentence judiciaire ; par la miséricorde de Dieu, c'est ordinairement une sentence de pardon : information de la cause, appréciation des dispositions du pénitent par le confesseur, imposition de la pénitence, absolution. Dans les premiers siècles, la pénitence canonique avait un caractère de publicité qu'elle n'a plus depuis longtemps : elle comprenait une double absolution, l'une donnée au début du Carême, l'autre à la fin des exercices pénitentiels, c'est-à-dire le Jeudi Saint (1). Dans sa forme actuelle, le sacrement présuppose comme préparation un sérieux examen, comporte la confession des péchés pour laquelle le pénitent demande la bénédiction et récite la première moitié du *Confiteor*, l'imposition de la pénitence et l'absolution données par le prêtre : cette dernière est formulée dans une sentence où le prêtre, revêtu de l'autorité de Dieu même, y remet réellement les péchés au pénitent bien disposé.

IV. *Eucharistie*. — Nous avons longuement parlé du saint sacrifice de la messe où se fait régulièrement la distribution de la sainte communion, après que le prêtre s'est communié lui-même. Mais la communion peut aussi se donner, exceptionnellement, soit avant, soit après la messe. Le respect dû au sacrement demande que deux cierges soient allumés à l'autel et que le prêtre soit revêtu du surplis et de l'étole ; on procède comme pour la distribution au cours de la messe. Le prêtre, quand il a terminé, peut réciter les prières *O sacrum* avec le verset *Panem* et l'oraison *Deus qui nobis* : il se purifie les doigts, enferme le saint ciboire

___

(1) VACANT-MANGENOT, *Dictionnaire de Théologie catholique*, tome I, col. 141 et 156-157 ; où l'on se réfère soit aux *Constitutions apostoliques*, *P. G.* I, col. 696 soit au *Sacramentaire Gélasien*, *P. L.*, t. 74, col. 1064.

dans le tabernacle et bénit l'assistance : *Benedictio Dei omnipotentis...* Il y a lieu aussi de procurer la communion *aux malades (à jeun* ou *en viatique)* ; on la leur porte, soit d'une façon solennelle, quand il y a possibilité de faire rendre au Saint Sacrement l'honneur qu'il mérite, soit sans cérémonies, dans le cas contraire. En toute hypothèse on observera les diverses prescriptions du Rituel.

V. *Extrême-Onction.* — Cette médecine céleste qui doit fortifier l'âme dans les derniers combats de la vie, pouvait autrefois être administrée avant le viatique et lui servait de préparation. Le rituel romain demande qu'elle soit précédée du viatique dont elle confirme les précieux effets. Elle comporte quelques oraisons préliminaires et les onctions sacramentelles faites sur les sens avec l'huile des infirmes, puis se termine par des prières en faveur du malade. Elle a son complément dans les admirables *prières de la recommandation de l'âme* et dans l'*Indulgence plénière in articulo mortis.*

VI. *Ordre.* — Ce sacrement, par lequel se perpétue dans l'Eglise le personnel chargé du culte, est conféré par degrés. Après une initiation par la cérémonie de la *tonsure,* le candidat reçoit successivement, après des intervalles appelés *interstices,* les *quatre ordres mineurs* (de *portier, lecteur, exorciste, acolyte)* ; par le *sous-diaconat* il est engagé irrévocablement au service de l'Eglise, obligé à la continence et à la récitation de l'office divin ; le *diaconat* en fait le serviteur immédiat du prêtre pour l'oblation du saint sacrifice, la distribution de la sainte Eucharistie et la prédication ; la *prêtrise* lui donne le pouvoir d'offrir et de consacrer la divine hostie, de prêcher, d'administrer les sacrements, à l'exception de la Confirmation et de l'Ordre ; l'*épiscopat* enfin donne la plénitude du Sacerdoce avec le pouvoir d'administrer la Confirmation et l'Ordre.

Les ordinations ont lieu régulièrement le samedi des Quatre-Temps, le samedi de la Passion et le Samedi Saint ; on peut obtenir une dispense pour faire une ordination en d'autres jours de l'année : c'est ce qu'on appelle les ordinations *extra tempora*. Elles se font *pendant l'avant-messe* entre l'introït et le dernier verset qui précède l'évangile. Pour les ordres mineurs, il y a un avis sur la notion de l'Ordre, les devoirs qu'il impose, les vertus qu'il exige ; puis la porrection des instruments avec une formule, enfin une prière ou oraison. Le sous-diaconat est conféré de la même manière, mais est précédé d'un avis sur l'engagement irrévocable à contracter, de l'engagement pris et de la récitation des litanies, tous ceux qui doivent recevoir les Ordres sacrés sont prosternés pendant cette récitation. Le diaconat et la prêtrise ont de plus la présentation des candidats par l'archidiacre, une préface consécratoire pendant laquelle a lieu l'imposition de la main ou des mains ; la prêtrise enfin a l'onction des mains avec l'huile des catéchumènes, la profession de foi, une seconde imposition des mains avec le pouvoir de pardonner les péchés, la promesse d'obéissance. Les nouveaux prêtres célèbrent en union avec le pontife. — Parmi ces rites, la porrection des instruments ne remonte pas plus haut que le xiie ou xie siècle, mais les préfaces consécratoires du diaconat et de la prêtrise se lisent dans les anciens sacramentaires, comme aussi les prières que le *Missale Francorum* désigne sous le nom de *Oratio ad presbyteros ordinandos, benedictio, consummatio presbyteri.*

VII. *Le Mariage* consiste dans l'exigence, par le propre curé, du consentement mutuel des deux époux, au pied de l'autel, en présence de témoins. L'Église a voulu que cette démarche fût accompagnée de certains rites qui relèvent la sainteté de cette fonction et en assure les effets. Ces rites sont la bénédiction des époux après le consentement, la bénédiction de l'anneau, et, si le mariage se célèbre en temps non prohibé, la messe *pro sponso et sponsa* avec deux bénédictions dont l'une se dit après le *Pater,* l'autre vers la fin de la messe.

ARTICLE III. — SACRAMENTAUX.

Certaines fonctions ont été instituées par l'Eglise pour procurer aux fidèles quelque bien spirituel par l'usage qu'ils feront de certains objets : ces fonctions ont reçu le nom de *Sacramentaux* à cause de l'analogie qui existe entre l'effet de ces fonctions et l'effet produit par les Sacrements. Telles sont les *Bénédictions* et les *Consécrations*.

La *Bénédiction* est une cérémonie ecclésiastique qui, par l'invocation du nom divin, confère, à une personne ou à un objet, un titre à la protection divine ou à l'exercice du culte et cela d'une façon permanente ou simplement transitoire. — La *Consécration* a cet effet spécial qu'elle donne à la personne ou à l'objet un caractère religieux permanent dont la profanation revêt la gravité du sacrilège. Dans la bénédiction, il y a ou un signe de croix ou l'emploi de l'eau bénite et de l'éncens ; dans la consécration, il y a onction avec l'huile sainte.

Parmi les *bénédictions* ou *consécrations* des personnes qui ont de nombreuses analogies avec les ordinations, on trouve, dans le Pontifical, la bénédiction *d'un abbé ou d'une abbesse*, la *consécration des vierges* (le Sacramentaire léonien renferme une magnifique préface sur la virginité, pour cette cérémonie), le *sacre d'un roi* et la *bénédiction d'une reine* ; — dans le Rituel se trouve la bénédiction des *relevailles*, celles des *enfants,* des *pèlerins*, etc. — Pour les bénédictions des choses, il en est qui se font chaque année avec solennité, d'autres sont simplement de circonstances : les premières sont la bénédiction des *cierges,* le 2 février, la bénédiction des *cendres* au premier jour de Carême. Le missel a pour ces bénédictions une série d'oraisons dans lesquelles l'Eglise implore respectivement la lumière d'en-haut ou l'esprit de pénitence sur ceux qui porteront les cierges ou recevront les cendres sur leur tête. La bénédiction des *rameaux*, qui se fait au premier jour de la grande semaine, reproduit le plan de la messe : une antienne et une oraison forme la préparation du cœur : l'instruction est représentée par une prophétie, un répons et le récit évangélique où est racontée l'entrée triomphante de Jésus à Jérusalem ; une oraison représente l'offrande ; la préface conduit au *Sanctus* et à la bénédiction des palmes, une dernière oraison sollicite la grâce de la végétation spirituelle des bonnes œuvres avec lesquelles nous devons marcher à la suite du Sauveur. La bénédiction des *saintes huiles* (huile des infirmes, huile des catéchumènes et saint chrême) est faite par l'évêque, le Jeudi Saint, au cours de la messe pontificale. — Les bénédictions de *circonstance* sont la bénédiction de *l'eau,* d'une *église,* des *cloches,* d'un *cimetière,* des *ornements,* des *vases sacrés,* des *linges d'autel.* Pour l'eau bénite, il y a des prières sur le sel, sur l'eau et sur le mélange des deux : on sait l'usage de ce sacramental soit pour l'aspersion qui précède la messe du dimanche, soit pour le signe de la croix à faire quand on entre dans l'église. L'eau bénite est employée aussi pour un grand nombre d'autres bénédictions soit de personnes, soit d'objets. Des rites vénérables sont accomplis pour la *sanctification des édifices destinés au culte :* il y a trois fonctions distinctes, la *pose de la première pierre,* la *bénédiction solennelle* après que l'église est construite, la *dédicace* ou *consécration.* Il serait trop long d'en donner ici le détail : il est également impossible de décrire la Bénédiction d'une *cloche,* appelée aussi baptême, à cause du nom de saint qu'on a coutume de lui donner ; la bénédiction du *cimetière* qui n'est que l'accessoire de la bénédiction de l'église, quand le cimetière entoure celle-ci ; la bénédiction des objets qui doivent servir pour le saint sacrifice de la messe... Il y a encore dans le Rituel et dans le Pontifical un grand nombre d'autres bénédictions dont les prières sont riches de symbolisme et de grâces : la lecture et l'intelligence de ces formules offrent à l'âme un précieux aliment de sanctification.

CHAPITRE V

L'Année ecclésiastique.

Dès les premiers siècles de l'Eglise, on voit des relations établies entre la liturgie et la mesure du temps, et vers le milieu du ive siècle le *Calendrier Philocalien* (1) présente la distribution des principales fêtes de l'Eglise romaine pendant le cours de l'année. La célébration des mystères de la vie de Notre-Seigneur avait pour centre la fête de Pâques, et l'on sait les discussions soulevées dans les Eglises d'Orient et d'Occident pour fixer la date de cette fête chez les chrétiens. Nous voulons donner ici à nos lecteurs quelques notions sur le *Comput ecclésiastique,* sur ce qu'on appelle le *Propre du temps* et le *Propre des saints* dans l'année liturgique pour leur permettre de s'orienter dans la succession de nos fêtes.

ARTICLE I. — COMPUT ECCLÉSIASTIQUE.

Le *comput* (du latin *computare,* calculer) s'entend des calculs faits pour régler le calendrier ecclésiastique, et notamment pour fixer la date de la fête de Pâques. Ces calculs, assez compliqués, se réduisent à déterminer dans l'année solaire la date où commence le printemps, à établir le commencement des lunaisons pour savoir le quantième du mois où tombe la pleine lune, à connaître le retour périodique des jours de la semaine. On sait, en effet, que Pâques se célèbre, chez les chrétiens, le *dimanche après la pleine lune qui suit le 20 mars :* ce peut être l'un des jours qui s'écoulent entre les deux limites extrêmes du 22 mars au 25 avril. Telle est la règle fixée par le concile de Nicée (325) pour

____

(1) Sur le *Calendrier Philocalien,* voir notre opuscule : *Le Bréviaire romain,* pp. 12-15.

empêcher que les chrétiens célèbrent Pâques le même jour que les Juifs.

1. — Des réformes furent opérées dans le cours des siècles pour mettre *l'année civile* (période de 365 jours) en harmonie avec *l'année solaire* ou astronomique (espace de temps qui s'écoule entre deux passages successifs du soleil au point vernal) ; on n'avait pas tenu compte d'abord de quelques fractions dans la différence entre l'année civile et l'année astronomique, de là une modification dans les calculs qu'il fallut corriger. L'erreur venait de ce que les deux années, civile et solaire, ne coïncidaient pas exactement. Sous Jules César (46 ans av. J.-C.), on décida de doubler tous les quatre ans le *sexto kalendas martii*, parce que ce jour coïncidait à peu près avec la fin de l'année, l'année nouvelle commençant au mois de mars. C'est ce fait qui donna naissance à l'expression année *bissextile*, et ce fut la *réforme julienne* du calendrier. Mais il se trouva que par ce procédé, on ajoutait à peu près onze minutes de trop par année, écart insignifiant en soi mais qui à la longue occasionna un retard de l'année civile sur l'année solaire. En 1582, sous le pape Grégoire XIII, l'écart était de dix jours, on convint de les supprimer : le lendemain du 5 octobre devint le 15 octobre, et pour éviter le retour d'un pareil inconvénient, on décida que sur quatre années séculaires, une seule serait bissextile, celle dont les deux premiers chiffres sont divisibles par quatre ; 1600 l'a été, 2000 le sera. Ce fut la *réforme grégorienne* du calendrier. Le début de l'année civile est maintenant le 1er janvier, mais l'équinoxe du printemps (20 mars) demeure le point de départ pour servir à fixer la date de Pâques.

2. *Lunaisons*. — La fixation de la fête de Pâques dépend de l'*âge de la lune* au 21 mars, en même temps que de la *Lettre dominicale*. Si l'année solaire comprenait un nombre exact de lunaisons sans aucune fraction, la date de Pâques ne varierait qu'en raison de la Lettre dominicale : mais il se trouve que douze révolutions lunaires (les unes de 29 jours, les autres de 30)

donnent un total de 354 jours, c'est-à-dire onze jours de moins que l'année solaire (365 jours). De là une différence entre le 1er janvier et l'âge de la lune qui s'accentue chaque année. Supposez un millésime, 1915 par exemple, où le 1er janvier coïncide avec la nouvelle lune, l'année suivante, au 1er janvier, la différence sera de 11 jours, la deuxième année, elle sera de 22, la troisième, de 33 (on réduit ce dernier chiffre à 3 en retranchant une lunaison). *Méton* (433 avant J.-C.) a remarqué qu'il fallait 19 ans pour que les lunaisons se retrouvent dans le même ordre par rapport au commencement du mois de l'année solaire ; il imagina un cycle *(cycle de Méton)* dans lequel, au moyen de tables faites d'avance, et étant donné pour chaque millésime un chiffre auquel on donna le nom de *Nombre d'or*, on déterminait à quel quantième du mois tombait chaque nouvelle lune. Le système manquait de précision, en raison même des écarts qui amenèrent les réformes du calendrier ; on lui substitua le système des *Epactes* dans lequel on tint compte aussi des deux chiffres 19 et 11. Par suite de combinaisons, on a pu déterminer d'avance un chiffre indiquant l'*âge de la lune au 1er janvier*. Ce chiffre est appelé *Epacte*. L'Epacte une fois connue pour un millésime déterminé, on peut, sur des tables dressées à l'aide d'un calendrier perpétuel, trouver immédiatement à quel quantième de chaque mois arrive la nouvelle lune.

3. Il ne reste plus qu'à s'occuper de la *Lettre dominicale* pour trouver la date de Pâques. On a remarqué qu'après une période de 28 ans, l'année recommence au même jour de la semaine que 28 ans auparavant. Sur cette période appelée *cycle solaire* s'échelonne la série des sept lettres de A à G, appelées Lettres dominicales, parce qu'elles servent tour à tour à marquer le quantième où arrive le dimanche dans le cours d'une année. Des tables établies d'avance indiquent quelle lettre correspond à un millésime donné.

Le bréviaire romain donne diverses tables qui permettent de trouver le nombre d'or, l'épacte, la lettre dominicale pour n'importe quelle année, soit avant soit après la réforme grégorienne. Un moyen plus expéditif est le suivant : *Pour trouver le nombre d'or d'une année, on divise son millésime augmenté de 1, par 19, le reste de la division donne le nombre d'or, s'il n'y a pas de reste le nombre d'or est 19. Pour trouver l'épacte :* a) *Si l'année est antérieure à la réforme grégorienne, on multiplie par 11 le nombre d'or de cette année, on divise le produit par 30 ; le reste de la division donne l'épacte.* b) *Si l'année est postérieure à la réforme grégorienne, il faut, du reste de la division, retrancher 10 pour les années 1582 à 1700 ; 11, pour les années 1700 à 1900, etc.* On peut, avec ces données, trouver la date de Pâques pour un millésime donné, en tenant compte des limites extrêmes du 22 mars et du 25 avril (1).

4. Il est bon d'avertir nos lecteurs que l'Eglise compte les jours du mois à la manière des anciens Romains, février ayant 28 jours (29 dans les années bissextiles); avril, juin, septembre, novembre ayant 30 jours, les sept autres mois ayant 31. *Chaque mois* est partagé en *trois parties* d'inégale longueur et désignées par les expressions *Calendes, Nones, Ides.* Les *Calendes* (χαλεω, *voco*), au 1er jour du mois, rappellent qu'à cette date le pontife convoquait le peuple pour lui annoncer les jours consacrés à Junon ; les *Nones* étaient censées marquer le neuvième jour avant les Ides ; les *Ides* *(iduare* ou *dividere)* marquaient approximativement le milieu du mois. La date des nones et des ides variait selon les mois : ainsi mars, mai, juillet, octobre avaient les nones le 7 et les ides le 15, les autres mois avaient les nones le 5 et les ides le 13. On comptait les jours *en rétrogradant :* ainsi dès le lendemain des calendes, on avait *sexto* ou *quarto nonas,* c'est-à-dire le 6e, le 4e jour avant les nones ; au lendemain des nones,

octavo idus ; au lendemain des ides, 16ᵉ, 17ᵉ, 18ᵉ ou 19ᶜ *kalendas* du mois suivant.

Quant aux jours de la semaine, le pape saint Sylvestre (voir la leçon de sa fête au bréviaire romain, 31 déc.) décida que l'on garderait les expressions : *dominica* et *sabbatum*, mais que pour les autres jours on se servirait de l'expression *feria*, 2ᵃ pour le lundi, 3ᵃ pour le mardi, 4ᵃ pour le mercredi, 5ᵃ pour le jeudi et 6ᵃ pour le vendredi. *Feria*, jour férié, devait marquer que les chrétiens et particulièrement les clercs devaient se dégager chaque jour des soucis terrestres pour vaquer au service de Dieu.

ARTICLE II. — PROPRE DU TEMPS.

Autour de la fête de Pâques, l'année liturgique voit se dérouler le cycle des différents solennités qui rappellent les mystères de la vie du Sauveur.

1. Ainsi *dépendent de Pâques* : A) la plupart des dimanches de l'année. Ce sont *a*), les *neuf dimanches* avant *Pâques :* Septuagésime, Sexagésime, Quinquagésime, 1, 2, 3 et 4 du Carême, Passion et Rameaux ; — *b*), les *cinq qui suivent : Quasimodo*, 2, 3, 4 et 5 après Pâques et aussi le *dimanche dans l'octave de l'Ascension* ; *c*). La *Pentecôte* et les dimanches qui suivent jusqu'à l'Avent, au nombre de 25 ou de 28 selon les années. On supplée aux 24 par les 3ᵉ, 4ᵉ, 5ᵉ, 6ᵉ après l'Epiphanie quand ceux-ci n'ont pu trouver leur place avant la Septuagésime. — *Les autres* dimanches *dépendent de Noël* (25 décembre) et de l'Epiphanie (6 janvier) ; savoir, pour l'*Avent*, les quatre dimanches avant Noël dont le premier peut osciller entre le 27 novembre et le 2 décembre : *après l'Epiphanie* on peut avoir, suivant les années, entre deux et cinq dimanches. — *Dépendent de Pâques ;* B) certaines *solennités* qui se célèbrent *en semaine*, comme le mercredi des Cendres, commencement du Carême, entre le dimanche de la Quinquagésime et le 1ᵉʳ du Carême ; l'Ascension, jeudi de la 5ᵉ semaine après Pâques, avec les 3 jours des

Rogations qui précèdent immédiatement ; la Fête-Dieu, jeudi de la 2ᵉ semaine après la Pentecôte ; les jours de la Semaine Sainte et ceux de l'octave de Pâques. — Parmi les Quatre-Temps, ceux du printemps sont attachés à la 1ʳᵉ semaine de Carême, et ceux de l'été à l'octave de la Pentecôte, ils dépendent donc également de Pâques. Les Quatre-Temps de l'hiver sont en rapport avec Noël, entre le 3ᵉ et 4ᵉ dimanche de l'Avent ; ceux de l'automne sont fixés à la semaine qui suit le 14 septembre fête de l'Exaltation de la Sainte Croix.

2. Voici comment se succèdent les mystères de la vie de Notre-Seigneur au cours de l'année liturgique. I. *Avent*. L'année ecclésiastique commence au 1ᵉʳ dimanche de l'Avent ; elle a pour premier centre, *Noël* (25 décembre). Ce mystère est *préparé* par les quatre dimanches qui précèdent (il y en a jusqu'à six dans le rite ambrosien) ; puis il s'*accomplit* dans les fêtes de Noël et de l'Epiphanie. A Noël, on célèbre trois messes pour honorer la naissance du Verbe, éternelle au sein de la Trinité, temporelle à Bethléem et dans les âmes. L'octave a cette particularité qu'on y célèbre des fêtes, l'Eglise veut unir la naissance des saints au ciel (*dies natalis*) a la naissance du Sauveur sur la terre. Ce sont les fêtes de saint Etienne, saint Jean, Saints Innocents, saint Thomas de Cantorbéry, saint Sylvestre. Au jour octave, fête de la Circoncision, l'office est presque tout entier consacré à honorer la sainte Vierge. L'*Epiphanie* (6 janvier) est la fête de la *manifestation du Sauveur* ; elle a une octave privilégiée. Le temps qui suit l'Epiphanie *confirme* la grâce des mystères célébrés : on y honore la vie cachée de Jésus à Nazareth, on rencontre les fêtes du saint Nom de Jésus et de la Sainte Famille, parfois aussi celle de la Purification de Marie et Présentation de Jésus au temple (2 février), où l'on fait la bénédiction des cierges, mais la période est limitée par la rencontre de la Septuagésime dont la date la plus avancée peut être le 18 janvier.

II. La *période de Pâques comprend* : A) *une préparation* par la pénitence et la prière ; elle commence à la

Septuagésime où l'on cesse de chanter l'*Alleluia* jusqu'à Pâques. Les dimanche, lundi et mardi de la Quinquagésime sont marqués par une exposition du Saint Sacrement dite des *Quarante-Heures*, en réparation des désordres du Carnaval. Au début du Carême, imposition des *cendres* solennellement bénites. Le 4° dimanche de Carême, appelé *Lætare*, doit, dans la pensée de l'Eglise, encourager les fidèles à poursuivre leur pénitence à moitié accomplie et les inviter à la joie par la perspective des prochaines fêtes pascales. Le dimanche de la Passion, qui précède Pâques de deux semaines, voit s'accentuer les tristesses de l'Eglise à la pensée des souffrances et de la mort du Sauveur.

3) les *jours de la grande Semaine*. Le dimanche des Rameaux inaugure la Semaine Sainte, en célébrant le souvenir de l'entrée triomphale de Jésus à Jérusalem par la *bénédiction* des *palmes*, la procession, le chant du *Gloria laus,* puis en ramenant les souvenirs douloureux de la Croix par le chant de la Passion (récit de S. Matthieu) à la messe. Ce récit reparaît à la messe du Mardi Saint (S. Marc), du Mercredi Saint (S. Luc) et à l'office du Vendredi Saint (S. Jean). Les trois derniers jours de la Semaine sainte ont, pour le soir, un office spécial appelé *office des ténèbres*, pendant lequel on chante les Lamentations de Jérémie. Pour le matin : *a*) le Jeudi, il y a une messe très solennelle en l'honneur de l'institution de la sainte Eucharistie ; à la messe pontificale de l'église cathédrale, l'évêque fait la consécration des *saintes huiles* (huile des infirmes, saint chrême, huile des catéchumènes) ; *b*) le Vendredi a un office tout particulier, qui se compose du chant de la Passion, des supplications solennelles, de l'adoration de la Croix, de la *messe des Présanctifiés* (messe à laquelle le prêtre ne consacre pas mais se communie avec une hostie consacrée la veille et déposée solennellement à un reposoir orné en blanc avec magnificence) ; *c*) le Samedi a aussi ses particularités : bénédiction du feu nouveau, chant de l'*Exultet,* (préface d'un lyrisme admirable qui peut être chantée

par un diacre et où sont célébrées les louanges du cierge pascal et de la Rédemption par Jésus-Christ dont ce cierge est le symbole) ; le chant des douze prophéties avec des oraisons et quelques traits (chant qui rappelle la préparation laborieuse des catéchumènes au sacrement de baptême) ; la bénédiction de l'eau aux fonts baptismaux ; le chant des Litanies des Saints ; la messe ; le chant des vêpres réduites au psaume le plus court et au *Magnificat ;* la postcommunion de la messe est en même temps l'oraison des vêpres. — C) *Le Temps pascal.* Pâques est, dans l'Eglise, la *solennité des solennités ;* on y reprend le chant de l'*Alleluia ;* à tous les offices du jour et pendant toute l'octave le verset *Hæc dies quam fecit Dominus* dit la grande joie des chrétiens. La solennité se continue pendant les deux jours suivants et le reste de la semaine ; au cours de cette octave les nouveaux baptisés conservaient jadis les habits blancs dont ils avaient été revêtus après leur baptême ; ils ne les quittaient que le dimanche de *Quasimodo,* appelé aussi pour ce motif, *Dominica in albis (depositis).* Puis le temps pascal se poursuit pendant une période de temps qui englobe, avec les cinq dimanches après Pâques, l'Ascension et son octave, la Pentecôte et son octave, privilégiée elle aussi comme celles de Pâques et de l'Epiphanie. — D) *Le temps qui suit la Pentecôte* jusqu'à l'Avent peut être considéré comme le complément de la période de Pâques.

III. — Certaines autres fêtes de Notre-Seigneur sont fixées à un quantième du mois ou à un jour déterminé d'une semaine. Telles sont la Transfiguration (6 août), l'Invention de la sainte Croix (3 mai), l'Exaltation de la sainte Croix (14 septembre), le Précieux-Sang (1er dimanche de juillet), le Saint Rédempteur (23 oct.) La dédicace d'une église et son anniversaire peuvent encore être considérées comme fêtes de Notre-Seigneur, l'Eglise, que symbolisent nos temples, étant son corps mystique.

ARTICLE III. — PROPRE DES SAINTS.

Entre les mystères de Notre-Seigneur, l'Eglise a intercalé ceux de la *Très Sainte Vierge* qui eut une si grande part à l'œuvre de notre salut, puis le *souvenir de la mort des Saints*, ce qu'elle appelle leur *dies natalis*. Il serait trop long d'énumérer toutes ces fêtes que l'on trouvera du reste au calendrier ; disons seulement qu'il ne se passe presque pas de mois dans l'année ou l'Eglise ne célèbre actuellement quelque fête en l'honneur de Marie. Ces fêtes sont : l'Immaculée-Conception (8 décembre), la Purification (2 février), l'Annonciation (25 mars), la Compassion ou les Sept Douleurs (vendredi de la Passion et 3e dimanche de septembre), la Visitation (2 juillet), l'Assomption (15 août), la Nativité (8 septembre), le Saint Rosaire (1er dimanche d'octobre), la Présentation (21 novembre) ; et nous ne nommons ici que les principales.

Les *fêtes des Saints* peuvent être groupées en plusieurs classes. Après la Toussaint (1er novembre) on peut signaler les fêtes en l'honneur des Anges, S. Michel (8 mai et 29 septembre), S. Gabriel (18 mars), S. Raphael (24 octobre) les SS. Anges gardiens (2 octobre) ; en l'honneur de S. Jean-Baptiste (24 juin et 29 août), S. Joseph (19 mars et 3e dimanche après Pâques) ; en l'honneur des saints Apôtres, dont plusieurs sont groupés deux à deux, S. Pierre et S. Paul ont leur fête solennelle le 29 juin, mais le souvenir de S. Pierre reparaît au 18 janvier, 22 février, 1er août ; de S. Paul au 30 juin, 25 janvier. S. Jean a aussi ses deux fêtes (27 décembre et 6 juin) ; S. André est honoré le 30 nov. ; S. Jacques le Majeur, le 25 juillet, S. Philippe et S. Jacques le Mineur le 1er mai ; S. Simon et S. Jude, le 29 octobre ; S. Thomas, le 21 décembre ; S. Barthélemy, le 24 août ; S. Matthieu, le 24 septembre ; S. Mathias, le 23 février. Les deux Evangélistes, non apôtres, sont honorés, S. Marc, le 25 avril et S. Luc, le 18 octobre. Les autres groupes de saints sont ceux des Martyrs, des Confesseurs, des Vierges et des saintes Femmes.

Plusieurs de ces fêtes ne peuvent être célébrées chaque année : l'Eglise a dû établir des règles pour déterminer à laquelle il faut donner la préférence. Elle a classé les fêtes et les offices en divers rites (1).

CONCLUSION

Il faut renoncer à tout dire sur les Notions Générales de Liturgie dans un opuscule d'aussi peu d'étendue. Le lecteur trouvera peut-être des points sur lesquels l'auteur aurait mieux fait de ne pas s'étendre. On voudra bien nous le pardonner en tenant compte de la difficulté qu'il y a à concilier la concision avec la clarté : deux qualités parfois incompatibles. Après nous avoir lu, on sera peut-être désireux d'avoir plus de détails, qu'on veuille bien dans ce cas se reporter aux ouvrages signalés au début.

Un de ces ouvrages : *Cours synthétique de liturgie* par A. VIGOUREL, auquel nous avons fait plus d'un emprunt, nous fournira encore ici le mot par lequel nous voulons terminer.

Une des prières que le prêtre récite avant la communion renferme toute l'économie de la Rédemption et aussi de la liturgie ; elle nous dit que le salut du monde a été l'œuvre du Fils, mais avec la volonté du Père pour point de départ et la coopération du Saint-Esprit pour couronnement. Ainsi, dans tout rite liturgique, le Père prépare l'action, le Fils l'accomplit, le Saint-Esprit la complète, la confirme et l'applique ; et Dieu, terme de tous les actes liturgiques que nous accomplissons, en est en même temps le principe, l'âme et la vie. Nous livrons la prière signalée à la méditation de nos lecteurs :

(1) Au sujet de ces rites, on trouvera quelques mots d'explication dans notre opuscule sur le *Bréviaire romain*, pp. 128-129. Voir dans les *récentes éditions* des *Bréviaires* et *Missels*, les modifications introduites par Léon XIII.

Seigneur Jésus-Christ, Fils du Dieu vivant, qui, par la volonté du Père et la coopération du Saint-Esprit, avez donné par votre mort la vie au monde ; délivrez-moi, par ce saint et sacré Corps et par votre Sang, de tous mes péchés et de toutes sortes de maux. Faites que je m'attache toujours inviolablement à votre loi et ne permettez pas que je me sépare jamais de vous.

TABLE DES MATIÈRES

1513-07. — Impr. des Orph.-Appr., F. Blétit, 40, r. La Fontaine, Paris.

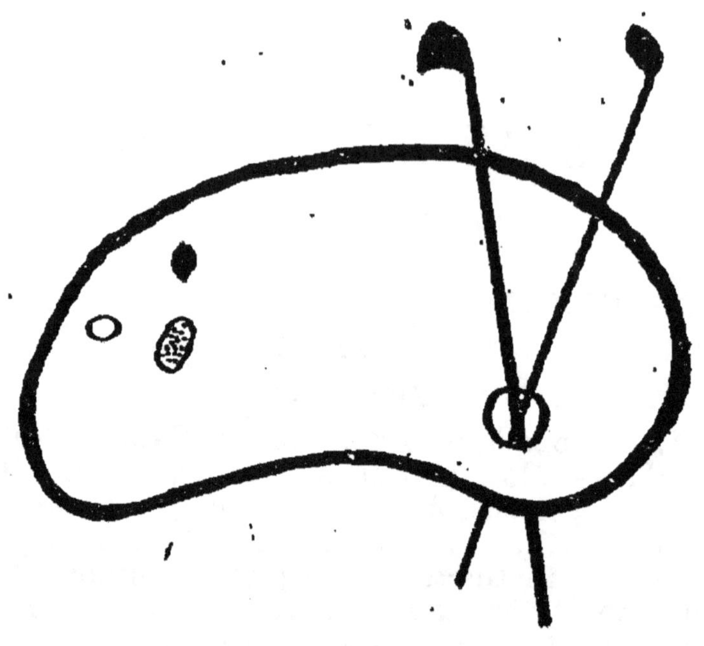

ORIGINAL EN COULEUR .
NF Z 43-120-8